MARÍA, LA MADRE DE JESÚS

Dra. Ana Méndez Ferrell

ANA MÉNDEZ FERRELL, INC.

ANA MÉNDEZ FERRELL, INC.

MARÍA, LA MADRE DE JESÚS

1ª Edición Español 2012

Todas las referencias bíblicas has sido extraídas de la traducción Reina Valera, revisión 1960.

Publicado por: Ana Méndez Ferrell Inc.
                    P. O. Box 141
                    Ponte Vedra, Florida, 32004-0141
                    Estados Unidos de América
                    Teléfono: +1.904.834.2447

Impreso por: Estados Unidos de América

www.anamendezferrell.com

ISBN: 978193316373-4

ÍNDICE

INTRODUCCIÓN

Un libro para la gloria de Dios

Escribo este libro con gran amor hacia todos los que aman a Dios, y que buscan Sus caminos y Su Bendición; a todos los Católicos, y también a todas las denominaciones Cristianas.

Dios en Su gracia y misericordia me ha dado muchas experiencias espirituales a través de las cuales lo he llegado a conocer y a amar profundamente. También he sido bendecida con poderosas visitaciones angélicas y en 1975 fui una de las videntes de la Virgen de Garabandal en España.

Nací en un hogar Católico. A los 29 años de edad y tras un encuentro transformador con Jesucristo le dediqué por completo mi vida. Desde entonces me volví una ardua estudiante de las Sagradas Escrituras, y de la historia, llegándome a graduar con un Doctorado en Teología, en la Universidad de California.

Todo esto me llevó a entender el mundo espiritual y a discernir las bendiciones y peligros que se encuentran en él. Debido a que en la dimensión invisible no sólo se encuentra el cielo, la luz y las maravillas que rodean a Dios, sino que también hay una región oscura y de tinieblas donde Satanás y sus huestes luchan por gobernar la tierra y obstaculizar la obra de Dios.

Muchas personas han tenido experiencias místicas y sobrenaturales, pero lo más importante es poder discernir quién las está produciendo, Dios o el diablo.

Luzbel era el arcángel de la hermosura y la sabiduría, hasta que se halló en el iniquidad, y deseó sentarse en el Santo monte de Dios haciéndose semejante al Altísimo. Su nombre significaba luz bella y era como su nombre lo indica: asombrosamente resplandeciente.

El conoció los caminos de Dios y por lo tanto se volvió un experto imitador y un maestro en engaño.

Lo falso aunque en esencia es lo opuesto de lo verdadero, no lo es en la apariencia. Por ejemplo, un billete falsificado de $100 dólares será prácticamente igual al genuino, y sólo ojos y manos expertas lo podrán detectar.

Bien sabemos que satanás perdió toda su autoridad cuando Cristo lo venció en la cruz del Calvario; por lo tanto, el único poder que tiene es hacernos caer en sus trampas creando los engaños más inverosímiles que alguien pueda imaginar. Por otra parte Dios puso eternidad en el corazón de todos los hombres, y el deseo de buscarlo y de poder sentir su presencia.

Todo lo hizo hermoso en su tiempo; y ha puesto eternidad en el corazón de ellos, sin que alcance el hombre a entender la obra que ha hecho Dios desde el principio hasta el fin.   *Eclesiastés 3:11*

De una manera u otra, el hombre sabe que hay un más allá, consecuentemente todas las civilizaciones han buscado alcanzarlo invocando toda índole de espíritus y dioses paganos. Todas las culturas provienen de un culto hecho a una entidad espiritual que se les reveló. Hoy más que nunca, hay una sed y un hambre por descubrir y sondear el mundo sobrenatural.

Pero si se desconoce el camino correcto, la consecuencia es la muerte espiritual.

*Todos los **caminos** del hombre son limpios en su propia opinión; Pero Jehová pesa los espíritus.*
Proverbios 16:2

*Hay camino que al hombre le parece derecho; Pero su fin es camino **de muerte**.* *Proverbios 14:12*

La meta de satanás es desviar la atención del hombre, hacia él. Esto lo va a llevar a cabo a través de gloriosas apariciones de falsos ángeles de luz.

Y no es maravilla, porque el mismo Satanás se disfraza como ángel de luz.

Así que, no es extraño si también sus ministros se disfrazan como ministros de justicia; cuyo fin será conforme a sus obras. *2 Corintios 11:14-15*

Como seres humanos, el ver un ángel de luz falso o verdadero es algo que va más allá de nuestro entendimiento. Si no tenemos discernimiento y no estamos anclados en la verdad de Dios y Sus caminos, es muy fácil ser engañado.

Si nos dejamos llevar por su belleza y resplandor, somos presa fácil. Pero Dios en Su Palabra nos da la pauta de cómo saber quien es el que se nos está apareciendo.

Dios ha usado muchas veces apariciones angélicas para anunciar mensajes, pero no todo lo que brilla es del cielo o proviene de Dios.

El propósito de este libro es guiarlo y poner en sus manos las herramientas de discernimiento y de sabiduría que lo harán entender como analizar una aparición y su mensaje.

También es mi intención darle a conocer el profundo mensaje que nos dejó María la madre de nuestro Señor a través de su vida ejemplar, de su amor al Padre y al Hijo, y de las palabras escritas acerca de ella en la Biblia.

CAPÍTULO 1

MI ENCUENTRO CON LA VIRGEN DE GARABANDAL

Nací en un hogar Católico

Nací en la Ciudad de México y crecí en un hogar Católico.

Mi Padre fue un hombre de gran devoción y ferviente practicante de la religión. Desafortunadamente debido a circunstancias dolorosas, mi familia se destruyó cuando yo tenía 9 años y fue mi madre quién nos crió a partir de ese momento. Ella no tenía ninguna atracción por los asuntos de la fe. Pese a esto, mi padre la convenció de que nos pusiera en escuelas católicas privadas, y así lo hizo. En éstas instituciones se impulsaba a los niños a desarrollar una vida de oración, a practicar retiros espirituales y a vivir conforme a los principios de la fe. Debido a esta formación religiosa siempre tuve una inclinación a buscar verdaderamente a Dios.

Con el paso de los años, la iglesia se volvió mi lugar de refugio, había días en los que me pasaba la tarde entera dentro del santuario solamente meditando en el Señor. La cruz siempre me impresionó mucho y me dolía de sobremanera ver esas imágenes de mi amado muerto, con su cuerpo cubierto de sangre. No entendía por qué teníamos que verlo siempre de esa forma cuando finalmente Él había resucitado.

Así lo amaba yo y me consolaba imaginándolo en Su gloria al lado del Padre. Eso me afirmaba más en mi fe, aunque sólo fuera por un rato y luego volvía a mi triste realidad, Él allá arriba y yo aquí abajo. Mi mayor dolor era el no poderlo alcanzar, como muchos otros yo me sentía indigna y pecadora.

Corría el año de 1975 y nos encontrábamos mi hermana gemela y yo en la ciudad de París donde morábamos. Teníamos tan sólo 19 años de edad y vivíamos muy humildemente en un aparta-estudio con un baño pequeño. Ahí ella trabajaba en un rinconcito haciendo sus notas de periodista y yo cocinaba, (cuando había qué comer), ya que no siempre teníamos lo suficiente. Habían semanas enteras que la dieta era tan sólo un pedazo de pan con jitomate y un yogurt. Yo no tenía papeles para trabajar ya que estaba en Francia en calidad de turista, lo que hacía muy difícil conseguir el sustento, y el sueldo de mi hermana apenas pagaba el cuartito y alguna otra cosa más.

Yo confiaba en que Dios no me abandonaría y así fue. Yo tenía la habilidad de saber montar a caballo, así que conseguí que me contrataran en un club hípico limpiando caballos y ayudando a entrenarlos.

Por otro lado me enfrentaba al terrible rechazo con que muchos parisinos trataban a los latinos y ser Mexicana constituyó una verdadera cruz. A esto había que añadir que Francia era un verdadero desierto espiritual y hablar escasamente el idioma no me ayudaba mucho.

Finalmente un rayo de luz apareció en medio de la ya creciente depresión que empezaba a invadir mi vida. Recibimos una llamada de una querida amiga de la adolescencia quien nos hizo una invitación a ir a España a casa de sus abuelos, durante el verano. Nos pagaban todos los gastos lo que hacía la propuesta irrechazable.

Llenas de entusiasmo juntamos un poco de dinero y nos fuimos a Madrid. La casa era una verdadera mansión edificada en piedra y de tipo colonial. Era muy grande y con muchas recamaras finamente decoradas, lo que permitió que yo pudiera tener una habitación para mí sola. Esto era ya el paraíso, considerando las condiciones en que vivíamos.

Nuestra amiga era muy divertida y tenía muchos primos y amigos que pronto se unieron a nosotros. Todos los días hacíamos planes para visitar los museos, recorrer las calles de la hermosa capital y pasarla bien comiendo bocadillos.

Habíamos partido con la idea de pasarla genial en la madre patria la cual yo ansiaba conocer; pero había un encuentro que me estaba esperando el cual yo no estaba ni cerca de imaginarlo.

Era la segunda o tercera noche que pasábamos en aquella casa. Yo dormía plácidamente, cuando de pronto una refulgente luz dentro del cuarto me hizo despertar súbitamente.

Mi mente no podía creer lo que mis ojos veían. Delante mío estaba una visión extraordinaria. Era una mujer llena de luz, su rostro era hermosísimo lleno de una ternura y una piedad que cautivaba el alma. Su cabello rubio y ondulado le llegaba hasta las corvas de las piernas y ondeaba lleno de luz como cuando se está dentro del agua. Sus vestidos eran blancos y su túnica azul pálido ribeteada con un cinto dorado del cual emanaban destellos de luz a manera de estrellas tintineantes.

Me quedé sin habla, admirándola más que observándola, entonces me habló con una voz cándida y apacible que me traspasaba.

-'Yo soy la Virgen, y he venido porque tengo un mensaje para ti, que quiero que lo lleves al mundo. Para esto tienes que venir a Garabandal.'

Al terminar de hablar empezó a desvanecerse.

-'¿Tengo que ir a donde?, no te vayas, repíteme el lugar ¿Gara... qué?'- Pregunté desesperada porque no había captado bien esa palabra.

Pero ella se esfumó, sin decir más nada. Lloré desesperadamente clamando para que regresara y me declarara el lugar, mas ya no volvió.

No dormí en toda la noche. Cerraba los ojos y los volvía a abrir con la esperanza de volverla a ver, hasta que caí rendida casi al amanecer.

Cuando me llamaron para desayunar, todos notaron que

había algo diferente en mí. No lo podían explicar pero todos lo comentaron. Entonces, les conté lo ocurrido, junto con mi frustración de no haber oído bien el lugar. Entre todos tratamos de buscar en el mapa todos los pueblos y ciudades que empezaran con "Gara", pero no encontramos nada.

Me sentí terriblemente frustrada. Sentía que le había fallado por completo. ¿Cúantas personas habían sido videntes de la Virgen? ¡Tan pocas!, y yo, la más indigna de todas no había podido captar lo que me dijo.

Ese día no quise salir a ningún lado, estaba hundida en dolor. La noche llegó y me fui a mi habitación desconsolada, pero aún con la esperanza que se compadeciera de mí y se volviera a aparecer. Recé entonces el rosario, y tras pedirle que volviera cerré mis ojos y me quedé dormida.

Eran como las tres de la mañana cuando sentí una presencia que recorrió mi cuerpo y luego vino otra vez la luz y ahí estaba de nuevo.

No pude sino romper en llanto de la emoción que sentía, estaba llena de alegría.

-'No te preocupes, yo soy tu Madre y no te voy a dejar; si vine para decirte que tengo un mensaje para ti, me voy asegurar que llegues al lugar. Tienes que ir a Garabandal, ahí te estaré esperando.'

- 'Ahí estaré'-, le dije con voz temblorosa por el impresionante privilegio de oírla, y se volvió a desaparecer.

Esta vez lo había oído con suma atención. Así que lo escribí con gran cuidado para que no se me fuera a olvidar. A la mañana siguiente, bajé a desayunar y les conté a todos acerca de la segunda aparición. Todos se me quedaron viendo casi con temor y temblor.

-'¿Que vas a hacer?'- Me preguntó mi hermana. 'Ya buscamos el lugar en el mapa y no hay nada que se le parezca.'

- 'La verdad no sé que voy hacer, pero si ella quiere que llegue, se encargará que así sea.'- Le contesté.

Mis vacaciones cambiaron por completo, dejé de participar con los demás en la mayoría de las actividades y me dediqué a rezar. Por cinco noches consecutivas se apareció a mí, diciéndome lo mismo, al cabo de los cuales decidí ir a la curia de Madrid y preguntar si alguien sabía algo al respecto de ese lugar. Me recibió un sacerdote muy amable, y cuando le conté lo ocurrido su rostro se transformó, como si le estuviese contando algo que fuera una confirmación de algo que daba vueltas en su interior.

-'Tienes que hablar con uno de los padres, él sabe todo lo relacionado a ese lugar, ya que de hecho él ya fue.'

Creo que se llamaba Francisco, no lo recuerdo bien. Pero lo cierto es que lo mandó llamar y llegó corriendo un simpático padrecito regordete y con una gran sonrisa en la boca.

-'¿Se te apareció a ti también?¡ Eso es maravilloso! Yo tuve la misma experiencia y fui para allá. La virgen se está apareciendo a mucha gente, eres muy agraciada.'

-'¿Por qué yo?'- Le pregunté.

-'No lo sé, ella es la que escoge y uno tiene que obedecer.'

Me llevó entonces a una biblioteca dentro del edificio donde sacó un mapa y me dibujó la ruta para llegar. El lugar ni siquiera aparecía en el mapa. En los años setentas no era como ahora, que tenemos el Google Earth para encontrar cualquier sitio, en aquel tiempo no existían siquiera las computadoras personales.

Garabandal era tan sólo un caserío de unas 15 casas a lo mucho. No había camino para llegar ahí. Uno tenía que llegar a un cierto punto en la carretera y de ahí subir por el monte hasta llegar al lugar.

La Expedición era todo un reto, y aún más porque no tenía ya casi ni un centavo; pero la fe y la juventud le abren a uno todas las puertas, y ésta definitivamente no se me iba a cerrar. Me despedí de todos y me dirigí a la estación

Santiago de Garabandal.

del tren, necesitaba una forma de transporte para salir de la ciudad y a partir de ahí mi única alternativa era hacer auto-stop.

El tren me dejó en el primer poblado al norte de Madrid. Tenía que tomar la carretera a Ávila y de ahí hacia Burgos. Salí de la estación en el extenuante calor de verano en la zona central de España. El sol ardía a mas de 40 grados centígrados y en la carretera no había ni un arbolito para abrigarse en la sombra.

Era temprano en la mañana, lo que ayudaba, pero no mucho. Al poco tiempo se paró un camión de carga que iba con dirección de Ávila y que accedió a llevarme.

Yo era muy inocente y joven como para discernir el peligro, además mi fe ciega me empujaba a enfrentar lo que fuera con tal de llegar donde la Virgen me esperaba. De una cosa estaba segura, ella se encargaría de que llegara, y eso me era suficiente.

Como a la hora de haberme subido al camión, el chofer empezó a hacerme proposiciones indecentes y fue entonces que pude ver la terrorífica circunstancia en la que me encontraba. Entonces pensé cautelosamente cómo escapar. Conservé la calma y cuando bajó un poco la velocidad, salté con todo y maleta fuera del camión. El hombre tuvo miedo de que lo acusara y aceleró rápidamente.

Me lastimé por todos lados y no me rompí un hueso por la gracia de Dios. Recogí la maleta y toda adolorida y sangrando de un brazo me senté junto a la carretera, al poco rato se paró otro camión que cargaba sandías, cuyo chofer era un viejecito muy amable. Al verme herida se aprestó a socorrerme. Me ayudó a lavar mis raspones que mostraban ya la carne viva, me dio agua y un pedazo de sandía caliente.

- '¡Qué barbaridad! Hay gente muy mala por aquí, tienes que tener cuidado. Yo voy hasta Burgos, si te sirve yo te puedo llevar. Puedes estar tranquila, a mí me gusta ayudar a la gente y conmigo vas a estar segura.'-

No tenía muchas alternativas y el viejito me inspiró paz, por otro lado se dirigía justo a la ruta que yo necesitaba. Así que me subí y continué con él todo el trayecto. En su afán de ayudarme aún se desvió para dejarme donde necesitaba subir la montaña para llegar a Garabandal.

1. Otro Episodio Sobrenatural

Subir la montaña no fue fácil, estaba bastante empinada y había que andar por un estrecho caminito marcado por las pisadas de la gente del pueblito y del ganado. Desde luego el cargar la maleta y los golpes que traía en todo el cuerpo lo hacían más complicado.

Cuando llegué al caserío, me di cuenta que no había ni un hostalito, ni una pensión, ni nada para recibir extranjeros. Ya caía la tarde y si nadie me daba posada estaría en serios problemas. Toqué entonces la primera puerta que se me

Mi casita en Garabandal.

ocurrió. Abrió una señora de unos sesenta años, bajita y con una sonrisa de oreja a oreja que le iluminaba el rostro.

- 'Ah, eres tú. Que bueno que ya llegaste...pasa por favor ya tu cuartito está listo y la cena caliente... porque calculo que tendrás mucha hambre.'- Me dijo como si fuera yo un pariente a quién estuviera esperando.

17

- 'Perdone, creo que está confundida... no se a quien está esperando, pero yo tan sólo soy una turista que vengo a ver a la Virgen y necesito quien me hospede.'-

- 'No, mijita es a ti a quien estoy esperando. La Virgen se me apareció y me mostró tu cara y me dijo cuándo llegarías. Así que pasa que ya está todo listo.'-

Me quedé perpleja. ¿Qué lugar era ese? ¿Qué me estaba esperando? Sin tener palabras me dejé guiar hasta mi habitación, un agradable cuartito pueblerino, decorado muy a la antigua, con una colcha tejida a gancho y cojines bordados a mano.

Durante la cena hablamos por largas horas acerca de las apariciones y los mensajes de la virgen. Ella se había aparecido frecuentemente entre los años 1961 y 1965 a cuatro niñas oriundas de San Sebastián de Garabandal; sin embargo se seguía apareciendo ocasionalmente a varias personas que como yo venían de diferentes partes del mundo.

En un momento se paró de la mesa y salimos para que me señalara con la mano el lugar donde ella se aparecía. Era verano y el sol se acostaba como a las diez de la noche así que fue fácil divisar el sitio. Era un monte no muy alto cercano al caserío con un pinar en la cima. Ahí habían tres pinos específicos que ella había escogido y desde donde hablaba. Había que ir temprano en la mañana como a las seis y media o siete, después de rezar el rosario a las cinco de la mañana o en la tarde después del rosario de las seis.

Esa noche casi no pude dormir, contando los minutos para encontrarme con ella, pero por dos días nada aconteció.

Había una pequeña iglesita en que se juntaba el pueblo a rezar, así que me uní a ellos esperando que eso ayudara a que el encuentro se diera.

Al tercer día en la tarde, subí al pinar a una hora en

Pinar donde se aparecía la Virgen.

que ya no había nadie y ahí en silencio me quedé esperando. Una sensación extraña recorrió mi cuerpo, como una brisa cálida que se sentía dentro de la ropa y luego me quedé como en un éxtasis. Estaba ahí, pero a la vez no estaba. Fue entonces cuando la volví a ver y me dio su mensaje.

- 'Habrá un gran Milagro'-, me dijo. - 'Una señal que será vista por todos mis hijos. Yo los traeré a este lugar de todas partes del mundo y desde aquí les hablaré. Yo conozco el día y la hora del fin, y les avisaré ocho días antes para que vengan. Yo les prometo que estaré con vosotros hasta el fin de los siglos y que vosotros estaréis conmigo durante el fin del mundo y después os uniré conmigo en la gloria del paraíso.

Va a venir un gran castigo sobre la tierra, por eso tienen que hacer buenas obras y orar constantemente el rosario. Éste debe ser propagado para la salvación de los pecadores y para la preservación de la humanidad de los terribles castigos con los que el buen Dios la amenaza.

Recen continuamente que yo los oiré y responderé a sus peticiones.

Hagan muchos sacrificios y penitencias, y no os olvidéis de la santa Eucaristía, pensad siempre en los sacrificios de mi Hijo.'-

Esa noche aún estando en el pinar, escribí el mensaje ya que no quería que se me olvidara. Cuando bajé, sentía que volaba, no podía esperar para contarle a la viejecita, mi experiencia. Ella se puso muy feliz y me regaló uno de los rosarios que había besado la virgen.

-'Ella ha besado muchos objetos y estos se vuelven milagrosos, toma, quiero que éste sea tuyo.'- Me dijo, dándome la reliquia.

Esa fue la única vez que volví a ver a la Virgen, en todos los días que estuve ahí, aunque pasaba largas horas frente a los pinos rogando por el mundo, y por mi familia. Así fue como decidí que la obra se había completado y que era tiempo de volver.

Más adelante en este libro hablaré de cómo Dios me ayudó a discernir y procesar esta experiencia.

Para esto quiero empezar desde lo que considero lo básico, esto es, conocer quién fue, verdaderamente María la Madre de Jesús.

CAPÍTULO 2

VOLVIENDO A LA HISTORIA

María es uno de los personajes Bíblicos más importantes, por haber sido la mujer escogida para llevar en su vientre al Mesías, y es también uno de los menos comprendidos.

Su nombre y su persona han sido tratados entre las diferentes iglesias y denominaciones que se profesan Cristianas con el más amplio espectro entre la exhaltación total y el desprecio absoluto. Ningún otro santo del Antiguo, ni del Nuevo Testamento es tratado con tanta ambigüedad.

Esto se debe a que existen dos diferentes Marías, una la madre de nuestro Señor y otra proveniente de las diversas culturas paganas, que toma astutamente el nombre de la virgen con el fin de engañar y desviar la fe de los creyentes; esta es la falsa María. Estas dos figuras maternales se han ido mezclando a través de los siglos, creando una gran confusión.

En estos tiempos tan difíciles, donde la espiritualidad y la fe están desvaneciéndose en el corazón de muchos, es importante revisar la historia y el origen de muchas creencias.

Hay cosas que simplemente las hemos ido aceptando por tradición, por que alguien lo dijo, porque así nos enseñaron, y jamás nos hemos preguntado si están de acuerdo al corazón de nuestro Padre Celestial.

Dios está poniendo orden una vez más en la tierra, con el propósito que veamos con claridad sus caminos y nos acerquemos a Él en la plenitud y las bendiciones que Él tiene para cada uno de nosotros.

1. Trasfondo cultural de María, La Madre De Nuestro Señor

Cuando analizamos un personaje para entenderlo y conocerlo, es indispensable hacer un recuento de su trasfondo cultural. La época en que vivió y las circunstancias que lo rodearon. El documento histórico más certero para llevarnos a conocer a la verdadera María, la madre de nuestro Señor, es sin lugar a dudas La Biblia.

El Antiguo Testamento, profetiza de principio a fin la venida del Mesías, el salvador del mundo. Su nombre sería Emmanuel que quiere decir Dios con nosotros y Yeshua que en hebreo quiere decir Jesús, el Salvador.

El nacimiento, vida, muerte y resurrección del Hijo de Dios, es el tema principal de las escrituras Judeo-Cristianas y el evento más importante de la historia.

Sin la venida y triunfo de nuestro salvador Jesucristo, el mundo seguiría perdido, sin esperanza y basándose en filosofías y religiones paganas. Jesús vino para salvar al mundo y éste es el eje de Su mensaje y de Su obra.

Para que Dios enviara a Su Hijo, no escogió un pueblo entre los existentes en la tierra, sino que se creó uno para sí mismo un pueblo. Llamó para sí, a Abraham, el cual moraba en la ciudad de Ur de los Caldeos, y lo apartó de su tierra y de su parentela. Ya viejos Abraham y Sara su mujer concibieron un hijo llamado Isaac, nacido por el designio de Dios. De esta simiente surgió el pueblo de Israel.

Dios necesitaba formarse un pueblo que guardara su ley y anunciara la venida de su Hijo, el Mesías. De en medio de este pueblo Dios levantó grandes hombres, reyes y profetas que temieron y honraron Su santo nombre y cuidaron que Su ley prevaleciese.

Aunque no siempre hubo gente justa y recta en la historia del pueblo Judío, Dios se encargó que siempre hubiera un remanente santo que hiciese al pueblo volverse a Dios una y otra vez. Entre los profetas, el Padre levantó a Isaías quién fue el primero que profetizó como sería la venida del Mesías.

Por tanto, el Señor mismo os dará señal: He aquí que la **virgen** *concebirá, y dará a luz un hijo, y llamará su nombre Emanuel.* *Isaías 7:14*

Dios elegiría de entre Su pueblo una virgen para que fuese el vaso escogido que llevaría en su vientre al Hijo de Dios.

¡Qué honra tan grande para la mujer que iba a ser escogida para esta tarea! Pero, ¿cómo sería esta elección?, ¿Qué miró Dios en ella?

¿Qué características tenía que tener la mujer a quien Dios le diera el privilegio más grande para un ser humano?

Dios tenía que escoger alguien conforme a Su propio corazón, y totalmente santa y sujeta a la ley que Él había mandado por medio de Moisés. La virgen escogida, tendría que ser de un carácter firme e impresionantemente humilde para no robarle ni un ápice de gloria al futuro Mesías. Ella sería sin lugar a dudas tentada en ese sentido. Es muy fácil para la naturaleza humana el quererse exaltar ante una gran hazaña o ante un nombramiento como éste, "la madre, del Hijo de Dios". María, tendría que saber cómo mantenerse firme y humilde en tan glorioso llamado.

Satanás siempre tentó al pueblo de Israel con el pecado que más ofendía a Dios, "la idolatría".

No hay una abominación más grande mencionada en las Sagradas Escrituras, que el hecho que los hombres le den gloria a pinturas o figuras hechas de madera, de fundición o de piedra. La idolatría no es tan sólo el postrarse ante una piedra, un totem, un dios africano, o precolombino, sino adorar cualquier cosa, o persona que no sea Dios mismo.

Dios es Espíritu, y es el Creador de los cielos y la tierra. El se siente sumamente humillado cuando el hombre le da la gloria y la adoración a las criaturas y no a Él. Cuando el hombre se postra ante otro ser humano o ante un ángel del cielo o ante un demonio aberrante.

Todo lo creado, por más magnífico que sea ese ser, no es sino una creación, hechura de Sus manos.

Porque ¿quién en los cielos se igualará a Jehová? ¿Quién será semejante a Jehová entre los hijos de los potentados?
Salmo 89:6

Jehová dijo así: El cielo es mi trono, y la tierra estrado de mis pies; ¿dónde está la casa que me habréis de edificar, y dónde el lugar de mi reposo?
Isaías 66:1

María sabía esto perfectamente. Ella, como una fiel judía, asistía a la sinagoga todos los sábados para ser entrenada y adoctrinada en la ley de Dios. Ella no era una ignorante, ni una mujer trivial, era una mujer de profundo conocimiento de la Torah (ley Judía) de "los Salmos y de los Profetas", y temerosa de Dios. La vemos en las escrituras cumpliendo toda la ley y purificándose en el dia de la expiación.

Y cuando se cumplieron los días de la purificación de ellos, conforme a la ley de Moisés, le trajeron a Jerusalén para presentarle al Señor y para ofrecer conforme a lo que se dice en la ley del Señor: Un par de tórtolas, o dos palominos.[1]
Lucas 2:22 y 24

---

[1] Después de dar a luz, las mujeres judías debían traer un animal para ser sacrificado por el sacerdote, a fin de que fuesen purificadas. En la ley judía era considerada inmunda una mujer durante su periodo y al dar a luz.

Habla a los hijos de Israel y diles: La mujer cuando conciba y dé a luz varón, será inmunda siete días; conforme a los días de su menstruación será inmunda.

Cuando los días de su purificación fueren cumplidos, por hijo o por hija, traerá un cordero de un año para holocausto, y un palomino o una tórtola para expiación, a la puerta del tabernáculo de reunión, al sacerdote;

y él los ofrecerá delante de Jehová, y hará expiación por ella, y será limpia del flujo de su sangre. Esta es la ley para la que diere a luz hijo o hija. Levítico 12:2, 6-7

Cumplir la Palabra y la Ley de Dios fueron requisitos innegables que Dios miró para escoger por Su gracia a María.

2. La Palabra Que Resonaba En El Corazón De María

Ella había oído toda su vida a los rabíes y sacerdotes citar los pasajes que afirmaban su corazón en la justicia y la rectitud, aborreciendo siempre toda forma de idolatría y de pecado.

El conocimiento de la ley y de los caminos que Dios estableció para Su pueblo, son muy importantes para determinar el pensamiento íntimo de María y su mensaje postrero a la humanidad.

a. La Ley Judía

Veamos algunas partes de la ley Judía que nos ayudarán a conocer el pensamiento de la verdadera María, el cual se opone radicalmente al de su impostora (la falsa María.)

Leyes en contra de la idolatría

*No tendrás dioses ajenos delante de mí. **No te harás imagen**, ni ninguna semejanza de lo que esté arriba en el cielo, ni abajo en la tierra, ni en las aguas debajo de la tierra. **No te inclinarás a ellas, ni las honrarás**; porque yo soy Jehová tu Dios, fuerte, celoso, que visito la maldad de los padres sobre los hijos hasta la tercera y cuarta generación de los que me aborrecen, y hago misericordia a millares, a los que me aman y guardan mis mandamientos.*   *Exodo 20:3-6*

*Así dice Jehová Rey de Israel, y su Redentor, Jehová de los ejércitos: Yo soy el primero, y yo soy el postrero, y **fuera de mí no hay Dios**. Los formadores de imágenes de talla, todos ellos son vanidad, y lo más precioso de ellos para nada es útil; y ellos mismos son testigos para su confusión de que los ídolos no ven ni entienden. Parte del leño quema en el fuego; con parte de él come carne, prepara un asado, y se sacia; después se calienta, y dice: ¡Oh! me he calentado, he visto el fuego; y hace del sobrante un dios, un ídolo suyo; se postra delante de él, lo adora, y le ruega diciendo: Líbrame, porque mi dios eres tú. No discurre para consigo, no tiene sentido ni entendimiento para decir: Parte de esto quemé en el fuego, y sobre sus brasas cocí pan, asé carne, y la comí. ¿Haré del resto de él una abominación? ¿Me postraré delante de un tronco de árbol?*   *Isaías 44: 6, 9, 16, 17,19*

Aquí vemos claramente el pensamiento de Dios el Padre hacia cualquier forma de imagen de talla, escultura u obra hecha por las manos de los hombres, así representen a los hombres y mujeres más santos de la historia.

Yo Jehová; este es mi nombre; y a otro no daré mi gloria, ni mi alabanza a esculturas.   *Isaías 42:8*

María la Madre de nuestro Señor, conocía perfectamente estas palabras, al igual que muchas otras que hacen de la idolatría la abominación más grande para Dios en las Sagradas Escrituras.

Ella, siendo santa y escogida, jamás promulgaría un mensaje que condujera al pueblo de Dios a adorarla y a hacerle imágenes talladas, ni promovería pinturas con su propia imagen.

Más adelante veremos cómo la falsa María infiltró la Iglesia para posicionarse ella como centro de la adoración.

Ley contra evocar a los muertos

María creció escuchando no sólo la ley, sino la historia de Israel y los acontecimientos que le costaron la vida a hombres escogidos por Dios. Ella jamás invitaría a nadie a evocar su persona después que partió de este mundo a la presencia del Señor. Esto sería hacer algo en contra de los mandamientos de Dios y ella nunca se prestaría a algo semejante.

> *Y el hombre o la mujer que evocare espíritus de muertos o se entregare a la adivinación, ha de morir; serán apedreados; su sangre será sobre ellos.* **Levítico 20:27**

Ésta era una práctica pagana en la cual incurrió el rey Saúl, evocando el espíritu del profeta Samuel. Esto produjo que Dios lo aborreciera y lo destituyera de su reino entregándolo a la muerte. (1 Samuel 28:7- 19)

a. Las Profecías

Desde la caída del hombre en el Jardín del Edén, el Padre profetiza el plan de salvación a través de Su Hijo unigénito. El maldice a la serpiente, anunciándole cómo de la mujer saldría la simiente, que aplastaría su cabeza destruyendo todo su imperio.

> *Y Jehová Dios dijo a la serpiente: Por cuanto esto hiciste, maldita serás entre todas las bestias y entre todos los animales del campo; sobre tu pecho andarás, y polvo*

*comerás todos los días de tu vida. **Y pondré enemistad
entre ti y la mujer**, y entre tu simiente y la simiente suya;
ésta te herirá en la cabeza, y tú le herirás en el calcañar.*

Génesis 3: 14-15

Vemos aquí cómo surge una enemistad terrible entre el diablo y la mujer como consecuencia de la maldición. Satanás creía que había conquistado el dominio total de la Tierra al hacer caer en transgresión a Adán y a su mujer, pero Dios tenía ya en mente el plan para reconciliar de nuevo a su creación consigo mismo.

Muchas veces María debió haber escuchado a los maestros de la ley, hablar sobre esta enemistad. Y seguramente en su infancia y adolescencia Dios puso pensamientos en su corazón y circunstancias que la forjaron cómo una mujer de gran valor y resistencia emocional. María fue una mujer de extraordinaria fe capaz de dar pasos en su caminar con Dios que muy pocos se atreverían.

Una de estas grandes pruebas tenía que ver con la misma concepción sobrenatural del Hijo de Dios. No iba a ser nada fácil el enfrentarse a toda la sociedad de su tiempo, como una mujer embarazada que aún no contraía nupcias con su desposado, José. Hoy en día es fácil decir, Jesús nació de una virgen, pero en aquellos tiempos, nadie le iba a creer que provenía del Espíritu Santo.

Aún tuvo Dios que enviar al ángel Gabriel para traer paz y confirmación en el corazón de José, ya que para él tampoco iba a ser algo fácil de digerir.

La ley Judía era muy severa en contra de la inmoralidad y la unión íntima entre un hombre y una mujer fuera del matrimonio, sobre todo cuando se trataba de un linaje sacerdotal. En este caso, María era hija de Elí de la orden sacerdotal de Aaron.

Y la hija del sacerdote, si comenzare a fornicar, a su padre deshonra; quemada será al fuego.   *Levítico 21:9*

María sabía que si una mujer concebía fuera del matrimonio, sería inmediatamente señalada, rechazada, y si no fuere redimida moriría irremediablemente. Esta ley provocó un momento de decisión muy dramático en el corazón de María durante la anunciación. Dios probaría su fe, la cual la calificaría como madre del Mesías o la descalificaría por amar más su reputación y su vida, que la voluntad de Dios.

CAPÍTULO 3

EL CARÁCTER
Y EL MENSAJE DE MARÍA

Para llegar a entender quién fue María y formarnos un criterio basado en la verdad, nos estamos basando en la Biblia como un documento sagrado.

Encontrar una verdad para asirnos de ella, requiere que conozcamos el origen y la autenticidad de los documentos en los que basamos nuestra fe. Fundamentarla en lo que alguien dijo, en una tradición o en documentos inciertos, innegablemente nos conduciría al error. La Biblia es absolutamente confiable y ha sido preservada por generaciones con gran celo. En ella encontramos lo que Dios quiso que supiéramos acerca de la madre de Jesús.

Yo creo, y es deducible a través de las Escrituras, que María sabía en su corazón, de forma intuitiva, que su llamado y misión en la vida eran de gran proporción. Esto lo digo porque durante la anunciación, ni siquiera reacciona por el hecho de estar frente a un ángel, lo que le sorprende más que la aparición, es el saludo. Luego cuando el ángel Miguel le declara el engendramiento sobrenatural de Jesús, ella se sorprende del cómo sucedería, pero no del hecho en sí.

Analicemos este momento crucial.

1. La Anunciación

Al sexto mes el ángel Gabriel fue enviado por Dios a una ciudad de Galilea, llamada Nazaret, a una virgen desposada con un varón que se llamaba José, de la casa de David; y el nombre de la virgen era María. Y entrando el ángel en donde ella estaba, dijo: ¡Salve, muy favorecida! El Señor es contigo; bendita tú entre las mujeres. Mas ella, cuando le vio, se turbó por sus palabras, y pensaba qué salutación sería esta. Entonces el ángel le dijo: María, no temas, porque has hallado gracia delante de Dios. Y ahora, concebirás en tu vientre, y darás a luz un hijo, y llamarás su nombre JESÚS. Este será grande, y será llamado Hijo del Altísimo; y el Señor Dios le dará el trono de David su padre; y reinará sobre la casa de Jacob para siempre, y su reino no tendrá fin. Entonces María dijo al ángel: ¿Cómo será esto? pues no conozco varón.   *Lucas 1:26-34*

Note que María no hace ninguna pregunta, en que se cuestione en lo absoluto el hecho de su escogimiento. Ni siquiera hay un ápice de duda al respecto. Tampoco supuso que el niño vendría tras sus nupcias con José. Simplemente pregunta cómo se llevará a cabo esta sobrenaturalidad. Esto es una gran enseñanza para nosotros, cuando Dios nos anuncia algo, cuando Él determina nuestro llamado en la vida. La respuesta debe ser un corazón agradecido y expectante de que lo que Dios nos dice, Él lo hará.

Respondiendo el ángel, le dijo: El Espíritu Santo vendrá sobre ti, y el poder del Altísimo te cubrirá con su sombra; por lo cual también el Santo Ser que nacerá, será llamado Hijo de Dios. Y he aquí tu parienta Elisabet, ella también ha concebido hijo en su vejez; y este es el sexto mes para ella, la que llamaban estéril; porque nada hay imposible para Dios. Entonces María dijo: He aquí la sierva del Señor; hágase conmigo conforme a tu palabra. Y el ángel se fue de su presencia. Lucas 1:35-38

Qué maravilloso, poder seguir este ejemplo. Poder leer la Biblia, o escuchar la dulce voz del Espíritu Santo, y leer las grandes cosas que Dios nos ha prometido y poder decir con sencillez de corazón: "hágase conmigo conforme a esta palabra."

De este momento de la anunciación, podemos deducir una gran parte de su personalidad y de su configuración interna. La maravillosa respuesta de María, hágase conmigo conforme a tu palabra, nos muestra el profundo carácter con que había sido forjada.

Como dije anteriormente, María era una mujer de gran valor y fe y de la que hay mucho que aprender. No sólo era el llamado más extraordinario, era también un llamado que implicaba el desprecio de la sociedad judía de su época y la persecución, la terrible enemistad anunciada, que vendría sobre ella de parte del diablo y la posible muerte.

Pero María sabía que si Dios la había escogido, Él se encargaría de todo lo demás. Al recibir María la noticia, prorrumpe en un canto de gran gozo el cual podemos desglozar en tres partes. Al principio de éste, podemos apreciar los aspectos notables de su personalidad y su formación. Luego su forma de exaltación a Dios. En este, es interesante notar los aspectos del Altísimo que ella resalta, ya que son obviamente lo que Dios ha engrandecido en su vida. Y la última tiene que ver con la parte profética de su misión y ministerio.

> *Entonces María dijo: Engrandece mi alma al Señor; Y mi espíritu se regocija en **Dios mi Salvador**. Porque ha mirado **la bajeza de su sierva**; Pues he aquí, desde ahora me dirán bienaventurada todas las generaciones.* Lucas 1:46-48

En esta parte vemos el corazón de María que Dios miró, para escogerla. Ella no se siente grande, ni se exalta a sí misma, ni busca adoración ni fama. Ella reconoce lo que toda la humanidad debe reconocer, que todos tenemos necesidad de un salvador y que ese salvador es Dios hecho carne, nuestro Mesías.

María fue humilde más que cualquiera, y ésta es la virtud que Dios necesitaba en la mujer que llevaría en su vientre a Su Hijo unigénito. Dios sabía que el diablo tentaría a María como tentó a la primera mujer, con algo suculento y delicioso que la llenara de exaltación y la descalificara.

La mujer de Adán, la cual es conocida como Eva a partir de la caída, creyó las palabras mentirosas y seductoras de Satanás que la llenaron de soberbia, y la hicieron seguir la voz del diablo por sobre el mandamiento de Dios.

*... sino que sabe Dios que el día que comáis de él, serán abiertos vuestros ojos, y **seréis como Dios**, sabiendo el bien y el mal. Y vio la mujer que el árbol era bueno para comer, y que era agradable a los ojos, y árbol codiciable para alcanzar la sabiduría; y tomó de su fruto, y comió; y dio también a su marido, el cual comió así como ella.*

Génesis 3:5-6

La estrategia del diablo para tentar a María sería también en esa misma dirección. El poder ser como Dios, el exaltarse sobre su propio Hijo, el robarle Su gloria y propósito, el desviar la atención del mundo hacia ella. Pero ella era temerosa de Dios, fiel y justa en todos sus caminos y jamás accedería a semejante tentación y engaño.

Note en las siguientes palabras cómo el mensaje de María siempre será exaltar y adorar a Dios y conducir a todas las generaciones a temer el Santo Nombre del Padre Eterno.

Su mensaje será siempre el llevar a la humanidad a reconocer el poder del Padre sobre todas las cosas y a doblegarnos ante Dios.

María, la verdadera madre de Jesús no busca el lugar de los poderosos, ni coronas que la enaltezcan. El mensaje que ella nos dejó, nos conduce a los pies de Cristo, a los pies del servicio, al altruismo y al amor a los demás. Ella conoce la recompensa de los humildes y el castigo para los que buscan su propia gloria.

*Porque me ha hecho **grandes cosas el Poderoso; Santo es su nombre**, Y su **misericordia** es de generación en generación A los que le temen. **Hizo proezas** con su brazo; **Esparció a los soberbios** en el pensamiento de sus corazones. **Quitó de los tronos a los poderosos, Y exaltó a los humildes. A los hambrientos colmó de bienes**, Y a los ricos envió vacíos. Socorrió a Israel su siervo, Acordándose de la misericordia de la cual habló a nuestros padres, Para con Abraham y su descendencia para siempre.*   *Lucas 1:49-55*

Este mismo carácter humilde, reconociendo su bajeza ante la inmensidad majestuosa del omnipotente Dios lo vemos reflejado cada vez que María es mencionada en las Escrituras.

2. El Alumbramiento

*"Y aconteció que estando ellos allí, se cumplieron los días de su alumbramiento. Y dio a luz a su hijo primogénito, y lo envolvió en pañales, y lo acostó en un pesebre, porque no había lugar para ellos en el mesón. Había pastores en la misma región, que velaban y guardaban las vigilias de la noche sobre su rebaño. Y he aquí, se les presentó un ángel del Señor, y la gloria del Señor los rodeó de resplandor; y tuvieron gran temor. Pero el ángel les dijo: **No temáis; porque he aquí os doy nuevas de gran gozo, que será para todo el pueblo: que os ha nacido hoy, en la ciudad de David, un Salvador, que es CRISTO el Señor.** Esto os servirá de señal: Hallaréis al niño envuelto en pañales, acostado en un pesebre. Y repentinamente apareció con el ángel una multitud de las huestes celestiales, que alababan a Dios, y decían: ¡Gloria a Dios en las alturas, Y en la tierra paz, buena voluntad para con*

los hombres! Sucedió que cuando los ángeles se fueron de ellos al cielo, los pastores se dijeron unos a otros: Pasemos, pues, hasta Belén, y veamos esto que ha sucedido, y que el Señor nos ha manifestado. Vinieron, pues, apresuradamente, y hallaron a María y a José, y al niño acostado en el pesebre. Y al verlo, dieron a conocer lo que se les había dicho acerca del niño. Y todos los que oyeron, se maravillaron de lo que los pastores les decían. ***Pero María guardaba todas estas cosas, meditándolas en su corazón.****"*   *Lucas 2:6-19*

Qué momento tan extraordinario para María, el ver nacer de sus entrañas al Salvador del Mundo. La Gloria de Dios llenaba el lugar, los ángeles del cielo se manifestaron, el firmamento mismo se rindió al Mesías y se encendió con la estrella con la que el cielo anunció: *he ahí vuestro redentor.*

Pero su sencillo corazón perseveraba en humildad, para que todo honor y gloria fueran siempre para el Hijo de Dios y no para ella.

No ha de haber sido una tarea fácil, criar al hijo de Dios. Pero el Padre nunca puso en José y en María tal responsabilidad. Ellos lo cuidaron y lo educaron como padres amorosos y temerosos de Dios; pero el Padre mismo era El que hacía la obra en el Hijo. Ningún ser humano podía haberle dado la dirección espiritual necesaria al Mesías del mundo.

Desde que era niño, Jesús manifestó que él venía al mundo para hacer la obra del Padre la cual era reconciliar al mundo consigo mismo.

Aún de niño lo hizo muy claro. Veamos en el siguiente pasaje la reacción de María ante la respuesta del pequeño.

*Y cuando tuvo doce años, subieron a Jerusalén conforme a la costumbre de la fiesta. Al regresar ellos, acabada la fiesta, se quedó el niño Jesús en Jerusalén, sin que lo supiesen José y su madre. Y pensando que estaba entre la compañía, anduvieron camino de un día; y le buscaban entre los parientes y los conocidos; pero como no le hallaron, volvieron a Jerusalén buscándole. Y aconteció que tres días después le hallaron en el templo, sentado en medio de los doctores de la ley, oyéndoles y preguntándoles. Y todos los que le oían, se maravillaban de su inteligencia y de sus respuestas. Cuando le vieron, se sorprendieron; y le dijo su madre: Hijo, ¿por qué nos has hecho así? He aquí, tu padre y yo te hemos buscado con angustia. Entonces él les dijo: **¿Por qué me buscabais? ¿No sabíais que en los negocios de mi Padre me es necesario estar? Mas ellos no entendieron las palabras que les habló.** Y descendió con ellos, y volvió a Nazaret, y estaba sujeto a ellos. **Y su madre guardaba todas estas cosas en su corazón.** Jesús crecía en sabiduría y en estatura, y en gracia para con Dios y los hombres.*
Lucas 2:42-52

María sabía que su Hijo, no era como cualquier otro niño. Ella lo escuchaba. No corregía sus palabras, ni lo regañaba por hacer o decir cosas que ni aún ella entendía. **María nunca se puso entre el Padre y Jesús**, y esto es radical para entender el corazón de la verdadera María, la madre de nuestro Señor. Su carácter humilde y sabio la llevaba a callar y a meditar en su corazón.

3. El Primer Milagro De Jesús

Cuando Jesús hace su primer milagro, vemos otra vez manifestarse el carácter y el continuo mensaje de María.

*Al tercer día se hicieron unas bodas en Caná de Galilea; y estaba allí la madre de Jesús. Y fueron también invitados a las bodas Jesús y sus discípulos. Y faltando el vino, la madre de Jesús le dijo: No tienen vino. Jesús le dijo: ¿Qué tienes conmigo, mujer? Aún no ha venido mi hora. Su madre dijo a los que servían: **Haced todo lo que os dijere.***
Juan 2:1-5

Una y otra vez vemos que María, siendo la Madre de Jesús, no era la voz imperante, ni quien tuviera la última palabra. Lejos estaba de ella el querer imponer algo, o el hacer algo de su propia cuenta.

Ella no le dijo: "Te ruego que hagas un milagro, porque no tienen vino", ni se impuso diciendo: "Tienes que hacer vino." Ella siempre se condujo como una fiel sierva de Dios, simplemente le anunció a Jesús cual era la necesidad. Esto nos muestra que ella sabía que Jesús estaba en autoridad y que por lo tanto podía hacer algo. ¿De que sirve presentarle una necesidad a alguien que no tiene la autoridad para resolver el problema?

Después de esto María va expresar lo que será el mensaje más importante que ella nos dejó: "**Haced todo lo que Él os dijere.**" En otras palabras les estaba diciendo a los que servían en la boda, "No vengan a mí, buscando que yo solucione el caso, Él es el que tiene las respuestas y les dirá lo que tienen que hacer."

4. María Entre Los Discípulos

Era muy importante para la obra que Jesús el Mesías había venido a hacer, que Él protegiera a su madre de la obvia exaltación que la gente estaba propensa a brindarle. Él siempre la honró, ya que éste era un mandamiento en la ley de Su Padre y Él la amaba. Es por esto que Él se refería a ella con el término mujer.

Jesús había venido al mundo para salvarlo del pecado, de la enfermedad y la muerte, y era necesario que el foco de la atención de los discípulos estuviese en la obra que Él había venido a hacer.

Vemos esta misma protección cuando en una ocasión María y los hermanos de Jesús preguntan por Él.

Vienen después sus hermanos y su madre, y quedándose afuera, enviaron a llamarle. Y la gente que estaba sentada alrededor de él le dijo: Tu madre y tus hermanos están afuera, y te buscan. El les respondió diciendo: ¿Quién es mi madre y mis hermanos? Y mirando a los que estaban sentados alrededor de él, dijo: He aquí mi madre y mis hermanos. Porque todo aquel que hace la voluntad de Dios, ése es mi hermano, y mi hermana, y mi madre.
Marcos 3:31-35

Note en este pasaje la actitud no impositiva de María hacia Jesús. Ella no entró al lugar como quien tiene toda autoridad sino que le mandó llamar.

Ella no se ofende ante la respuesta de Jesús. Para ella es muy claro que Él es la autoridad suprema y que Él venía a establecer el reino de Dios en la Tierra, y a devolverle al Padre su familia, que son todos los que hacen Su voluntad, ella incluida. Ella era parte de aquellos que hacen la voluntad de Dios.

Con esas palabras Jesús estaba dejando claro, que aunque María era la más bienaventurada de todas las mujeres y su propia madre, no tenía una posición jerárquica de autoridad sobre los demás. Con esto no la estaba despreciando, sino protegiendo de la idolatría de los hombres.

Veamos el orden jerárquico del Reino de Dios en el pasaje anunciado por el Apóstol Pablo en la epístola a los Efesios, a todos los llamados a ser santos, esto es los santificados por la gracia y por la sangre de Jesús.

*"... para que el Dios de nuestro Señor Jesucristo, el Padre de gloria, os dé espíritu de sabiduría y de revelación en el conocimiento de él, alumbrando los ojos de vuestro entendimiento, para que sepáis cuál es la esperanza a que él os ha llamado, y cuáles las riquezas de la gloria de su herencia en los santos, y cuál la supereminente grandeza de su poder para con nosotros los que creemos, según la operación del poder de su fuerza, la cual operó en Cristo, resucitándole de los muertos y sentándole a su diestra en los lugares celestiales, **sobre todo principado y autoridad y poder y señorío, y sobre todo nombre que se nombra, no sólo en este siglo, sino también en el venidero;** y sometió todas las cosas bajo sus pies, **y lo dio por cabeza sobre todas las cosas a la iglesia, la cual es su cuerpo,** la plenitud de Aquel que todo lo llena en todo.*

Efesios 1 :17-23

Dios estableció Su reino, poniendo a Jesucristo por cabeza de todas las cosas y constituyó un cuerpo místico formado por los verdaderos creyentes de todos los tiempos, María incluida. Ella conocía estos principios ya que estuvo muchas veces a los pies de Jesús oyendo sus enseñanzas y guardaba siempre sus mandamientos. Ella sabía que Jesús enviaría al consolador, al Espíritu Santo, para ayudar, sustentar y enseñarles todas las cosas. Ella jamás tomaría el lugar del Espíritu Santo quien es Dios mismo.

> *Y yo rogaré al Padre, y os dará otro **Consolador**, para que esté con vosotros para siempre:*
> *Juan 14:16*

> *Mas el **Consolador**, el Espíritu Santo, a quien el Padre enviará en mi nombre, él os enseñará todas las cosas, y os recordará todo lo que yo os he dicho.*
> *Juan 14:26*

> *Pero cuando venga el **Consolador**, a quien yo os enviaré del Padre, el Espíritu de verdad, el cual procede del Padre, él dará testimonio acerca de mí.*
> *Juan. 15:26*

> *Pero yo os digo la verdad: Os conviene que yo me vaya; porque si no me fuese, el **Consolador** no vendría a vosotros; mas si me fuere, os lo enviaré.*
> *Juan. 16:7*

Ella estuvo presente cuando Jesús ascendió a los cielos y fue parte de los 120 que recibieron el Espíritu Santo el día de Pentecostés. Ella se gozó porque el consolador había sido manifestado para que todas las generaciones lo conociesen y disfrutaran de Su amor, de Su consuelo y de Su poder.

Los discípulos no oraron a María para que viniese la promesa del Espíritu Santo; oraron todos juntos.

*Y entrados, subieron al aposento alto, donde moraban Pedro y Jacobo, Juan, Andrés, Felipe, Tomás, Bartolomé, Mateo, Jacobo hijo de Alfeo, Simón el Zelote y Judas hermano de Jacobo. Todos éstos perseveraban unánimes en oración y ruego, con las mujeres, y con **María la madre de Jesús**, y con sus hermanos.* Hechos 1:13-14

El Dios de María

María había oído tantas veces en la sinagoga y seguramente conocía de viva experiencia acerca del amor del Padre celestial, y de cómo Él es nuestro más grande consolador. Su corazón se deleitaba en que finalmente ese Consolador venía a todo aquel que le quisiera recibir.

*Oídme, los que seguís la justicia, los que buscáis a Jehová. Mirad a la piedra de donde fuisteis cortados, y al hueco de la cantera de donde fuisteis arrancados. Mirad a Abraham vuestro padre, y a Sara que os dio a luz; porque cuando no era más que uno solo lo llamé, y lo bendije y lo multipliqué. Ciertamente **consolará** Jehová a Sion; **consolará** todas sus soledades, y cambiará su desierto en paraíso, y su soledad en huerto de Jehová; se hallará en ella alegría y gozo, alabanza y voces de canto.* Isaías 51:1-3

*Yo, yo soy vuestro **consolador**. ¿Quién eres tú para que tengas temor del hombre, que es mortal, y del hijo de hombre, que es como heno?* Isaías 51:12

5. Jesús Cuida De María Desde La Cruz Del Calvario.

Estaban junto a la cruz de Jesús su madre, y la hermana de su madre, María mujer de Cleofas, y María Magdalena. Cuando vio Jesús a su madre, y al discípulo a quien él amaba, que estaba presente, dijo a su madre: Mujer, he ahí tu hijo.Después dijo al discípulo: He ahí tu madre. Y desde aquella hora el discípulo la recibió en su casa.
Juan 19:25-27

Otra vez en este pasaje vemos a Jesús refiriéndose a María como Mujer y no como madre. Esto se debe además de la protección de la cual ya hablamos, al establecimiento correcto de los diseños de Dios sobre la Tierra. Todo lo que Jesús hizo había sido profetizado por los profetas del Antiguo Testamento.

*Porque no hará nada Jehová el Señor, sin que revele sus secretos a sus siervos los **profetas**.*   *Amos 3:7*

De acuerdo a las profecías del Antiguo Testamento, estaba establecido un orden divino. Este reconoce un solo Dios, en las personas del Padre, del Hijo y del Espíritu Santo y en ningún lado había Dios establecido una "Madre de la humanidad." El reino de Dios gira en torno al Padre.

Jesús siempre manifestó que él había venido a la tierra para revelar a Su Padre, el cual es suficiente para suplir todas las necesidades espirituales, emocionales y físicas de los hombres.

Jesús le dijo: ¿Tanto tiempo hace que estoy con vosotros, y no me has conocido, Felipe? El que me ha visto a mí, ha visto al Padre; ¿cómo, pues, dices tú: Muéstranos el Padre?
Juan 14:9

Todas las cosas me fueron entregadas por mi Padre; y nadie conoce quién es el Hijo sino el Padre; ni quién es el Padre, sino el Hijo, y aquel a quien el Hijo lo quiera revelar.
Lucas 10:22

Jesús estaba amando a su madre terrenal, poniéndola en manos de Juan el discípulo amado, pero no la estaba estableciendo como madre sobre la Tierra. De ser así, hubiera sido establecido y profetizado en el Antiguo Testamento.

Más adelante nos daremos cuenta de donde sale esa teoría y cómo es contraria al pensamiento del Padre, del Hijo y aún de la misma María.

CAPÍTULO 4

LA VERDADERA MARÍA
VS. LA FALSA MARÍA

Hemos analizado hasta ahora algunos aspectos de la personalidad, el carácter y las creencias de la verdadera María y ahora entraremos a un tema medular el cual es la falsa María.

Desde la caída del hombre en el Jardín del Edén, Dios tenía ya preparado el plan de salvación, y lo anunció al mismo tiempo que maldecía a la serpiente. El Hijo de Dios el cual sería la simiente de María destruiría su cabeza, mientras ésta lo mordería en el calcañar, llevándolo a la muerte en la cruz. satanás sería destruido, mientras que Jesús se levantaría de entre los muertos.

Y pondré enemistad entre ti y la mujer, y entre tu simiente y la simiente suya; ésta te herirá en la cabeza, y tú le herirás en el calcañar. Génesis. 3:15

A partir de ese momento se establece un odio descomunal entre el diablo y la mujer. De generación en generación la mujer ha sido denigrada y abusada de múltiples maneras, pero el foco de la atención del diablo se centraría en la mujer de la cual nacería su letal adversario.

El diablo tendría que buscar un plan para hacerle el mayor daño posible a Dios y lo haría usando la figura de la mujer. Se disfrazaría a sí mismo como una reina, una diosa que fuera tan maravillosa, que los ojos del mundo se establecieran en ella. De esa manera le robaría la adoración a Dios. El sabía perfectamente que eso fue lo que ocasionó su propia caída por ser la ofensa más grande que alguien puede hacerle a Dios.

> *¡Cómo caíste del cielo, oh Lucero, hijo de la mañana! Cortado fuiste por tierra, tú que debilitabas a las naciones. Tú que decías en tu corazón: Subiré al cielo; en lo alto, junto a las estrellas de Dios, levantaré mi trono, y en el monte del testimonio me sentaré, a los lados del norte; sobre las alturas de las nubes subiré, y seré semejante al Altísimo.* Isaías 14:12-14

Si bien Dios lo desechó, su corazón malvado persistió en esta idea. Su objetivo era sentarse en un trono arriba en los cielos y ser semejante a Dios. Él había fungido como director de la adoración celestial y la deseó para sí mismo, por lo que creó un plan y se disfrazó de un personaje que fuera fácilmente aceptado por todos, y lo llamó "La Reina del cielo". Si el reino de Dios se establecería en torno al Padre, el del diablo sería a través de una "reina madre."

Lo que vamos a descubrir ahora es que esta reina no tiene absolutamente nada que ver con María la madre de nuestro Señor, ya que fue creada y adorada muchos miles de años antes de Cristo.

1. El Origen de la Diosa Reina en la Historia.

Todo empezó cuando en los albores de la historia, en la era paleolítica, satanás inspiró a la humanidad a forjar esculturas con imágenes femeninas y a adorarlas. Estas figurillas rescatadas por los arqueólogos denotan claramente una exaltación por la fertilidad. El hombre quien come del fruto de la tierra la empieza a adorar como madre y como respuesta a los beneficios que obtiene de ella, hace estas representaciones de barro o de piedra para rendirle culto.

Venus de Laussel.

Venus de Lespugue.

Entre las más antiguas encontramos "la Venus de Lausel" y "la Venus de Lespugue"[2] . En estas grotescas figurillas vemos la exaltación a la maternidad, cómo un símbolo de la tierra madre.

El culto a la mujer cómo trasmisora de vida empieza a desarrollar un "sistema de matriacado" entre las primeras civilizaciones. De ahí, al fundarse Babilonia, la primera gran ciudad de la Tierra, este culto va a evolucionar a un sistema religioso y gubernamental mucho más organizado.

2. Babilonia

Babilonia, es madre de todas las civilizaciones de la tierra.

La Biblia narra acerca de la fundación de esta gran ciudad y cómo se constituyó en el eje cultural del cual provendrían todos los cultos idolátricos de la tierra.

Tenía entonces toda la tierra una sola lengua y unas mismas palabras. Y aconteció que cuando salieron de oriente, hallaron una llanura en la tierra de Sinar, y se establecieron allí. Y se dijeron unos a otros: Vamos, hagamos ladrillo y cozámoslo con fuego. Y les sirvió el ladrillo en lugar de piedra, y el asfalto en lugar de mezcla. Y dijeron: Vamos, edifiquémonos una ciudad y una torre, cuya cúspide llegue al cielo; y hagámonos un nombre, por si fuéremos esparcidos sobre la faz de toda la tierra. Y descendió Jehová para ver la ciudad y la torre que edificaban los hijos de los hombres. Y dijo Jehová:

---

[2] Investigación hecha por el Apostol Fernando Orihuela

He aquí el pueblo es uno, y todos éstos tienen un solo lenguaje; y han comenzado la obra, y nada les hará desistir ahora de lo que han pensado hacer. Ahora, pues, descendamos, y confundamos allí su lengua, para que ninguno entienda el habla de su compañero. Así los esparció Jehová desde allí sobre la faz de toda la tierra, y dejaron de edificar la ciudad.   *Génesis 11:1-8*

Esta ciudad fue edificada en Mesopotamia, por un hombre llamado Nimrod quien fue el primer poderoso sobre la tierra. (Génesis 10:8). Un hombre sanguinario, el cual construyó también otras grandes ciudades del antiguo mundo entre ellas Nínive. Babilonia, fue contada entre las siete maravillas del mundo antiguo por sus jardines colgantes y famosa por la torre de Babel.

La palabra Babel de donde toma su nombre la ciudad, quiere decir "confusión". No solamente porque ahí fueron confundidas las lenguas de las naciones, sino porque satanás usaría el sistema que él estableció desde ahí, para confundir y velar el entendimiento de las naciones. En sentido espiritual, es el lugar de su gobierno, el cual tiene por estrategia mezclar lo pagano y lo sagrado para engañar a la humanidad y lograr sus objetivos.

Torre de Babel.   *Jardines colgantes de Babilonia.*

Las leyendas y recuentos orales de aquella época, nos hacen saber que Nimrod, el fundador de Babilonia, estaba casado con la reina Semiramis. El se proclamó a sí mismo "el dios solar" y a ella la estableció como "la diosa de la fertilidad y la sexualidad, la diosa de la luna y de la noche." Satanás literalmente se personificó en esta pareja, para gobernar uniendo los cielos y la tierra.

Recordemos que Luzbel al caer, se trajo consigo la tercera parte de las estrellas las cuales son los ángeles caídos.

También apareció otra señal en el cielo: he aquí un gran dragón escarlata, que tenía siete cabezas y diez cuernos, y en sus cabezas siete diademas; y su cola arrastraba la tercera parte de las estrellas del cielo, y las arrojó sobre la tierra.   *Apocalipsis 12:3-4a*

Por esta razón vamos a ver en su gobierno una continua interacción con los astros del firmamento. Toda la simbología babilónica esta cargada con figuras del sol, la luna y las estrellas.

Ahora bien, satanás no sólo necesitaba imponer y establecer la jerarquía celestial de sus dioses, sino que debía también robarse el concepto de la virgen y el niño, anunciado desde la caída del hombre. De generación en generación los descendientes de Adán y de Eva transmitieron en forma oral la esperanza del futuro Salvador. Por lo tanto el diablo va usar esta ideología, tergiversándola para lograr la aceptación y credibilidad de sus engañados seguidores.

Tras la muerte de Nimrod, y pasado algún tiempo, la reina Semiramis quedó embarazada y dio a luz un hijo llamado Tamuz. Semiramis aprovechando la esperada profecía del Mesías y para cubrir su pecado; se proclamó ella misma la virgen que dio a luz al hijo prometido. La reina alegaba que el mismo Nimrod, el dios solar, había reencarnado en Tamuz, el cual había sido engendrado en forma sobrenatural. A partir de ese momento empieza un culto a la madre y el niño el cual se va a expander a todas las civilizaciones. De hecho durante la guerra del golfo Pérsico en 1991, una bomba provocó que se descubrieran arcillas esculpidas que contenían dicho pasaje de la Biblia.[3] Es precisamente en la actual Irak donde fue fundada Babilonia.

Al Dios confundir las lenguas en la torre de Babel, los pueblos se dispersaron y se establecieron por todo Mesopotamia, en todo el Asia central y en varias partes de Europa. Cada una de estas civilizaciones se llevó consigo el culto a la madre y al niño, y conforme a los diferentes idiomas la diosa madre adoptó diferentes nombres y formas de culto.

---

[3] Estudio sobre la Reina del Cielo hecho por el Apostol Fernando Orihuela.

"Halo" Nimbus DISCO SOLAR

Babilonia - semiramis con Nimrod / Tamuz

El halo o disco solar sobre la cabeza denota la adoración al sol.

3.- La Reina del Cielo en Las Diversas Civilizaciones

Una vez dispersos los pueblos vamos a ver una ramificación de Semiramis en varias diosas. La primera que vemos surgir es a "Inanna", reina del cielo entre los Sumerios, diosa del amor y de la fertilidad así como de la guerra. Luego aparecerá Ishtar tomando el lugar de Semiramis ente los Mesopotámicos, como la diosa de la guerra y señora de las batallas. Y Astarté, Asera o Astaroth entre los Cananeos.

Estas tres representaciones de la reina madre Semiramis, por ser las más antiguas las vamos a ver repetirse junto con su simbología en muchas otras civilizaciones hasta nuestros días. Entre ellas está Isis entre los Egipcios; Pachamama, entre los Incas; Tonatzin, entre los Aztecas; Venus, entre los Romanos; Durga entre los hindúes y Diana, entre los griegos además de muchas otras.

Isis Lactans - Museo Pio Clementino.

Diosa egipcia Isis con niño. El disco solar de Osiris está sobre ella.

Pachamama, Diosa Inca, madre de la tierra.

Diosa Hindú con niño y león.

En la siguiente figura vemos a Innana con sus símbolos carácteristicos como son: el agua, que trae la lluvia; la media luna (en su cabeza en este caso); el león y la estrella de ocho puntas (ruedas del carro).

Diosa Inanna.

Aquí vemos esta misma Inanna en una versión europea. En esta pintura holandesa vemos una representación de la reina del cielo rodeada de leones edificando un templo para ser adorada.

Veamos ahora, como Ishtar en Mesopotamia comparte varios de sus símbolos. El león quien es uno de sus guardianes principales lo vemos en la puerta del templo de Ishtar,[4] originalmente edificado en Babilonia y luego trasladado al museo de Pérgamo en Berlín.

Ishtar sobre leones.

---

[4] Museo de Berlín , Alemania.

Fragmento. Leones en la puerta de Ishtar.

Ishtar representada como la diosa Isis en egipto, con león a sus pies.

Durga, Diosa madre entre los Hindúes con el león, el disco solar, el arco, y la flor de liz, símbolos de Inanna.

Diosa Cybele con leones.

Al estudiar Ishtar vamos a ver que otro de sus principales símbolos es la estrella de ocho puntas. Este, lo vamos a ver en muchas representaciones de esta diosa en las diferentes expresiones con las que ha sido identificada, así como la flor de liz.

Ishtar con león, estrella, arco y flechas.

Niña siendo consagrada al shtar delante de un sacerdote.

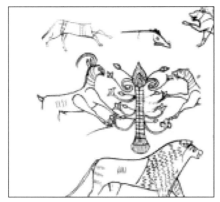

Flor de liz y animales guardianes De Ishtar.

Ishtar en la era precolombina. En la forma de la diosa Azteca Tonatzin. Vemos la estrella de ocho puntas alrededor formado por triángulos y flores de liz.

Otro de los símbolos que vamos a ver repetirse en estas deidades de la fertilidad y del amor son las rosas. La versión más antigua la encontramos en la adoración a la diosa egipcia Isis, y de ahí la veremos repetirse en muchas otras diosas tales como Venus, Artemisa (Diana según los griegos) y Afrodita entre otras.

Isis recibiendo rosas.

Artemisa en la catedral de Toledo coronada con rosas.

Toda esta adoración pagana, en sus más diversas formas fue con lo que se enfrentaron los profetas del Antiguo Testamento. Una y otra vez vemos en la historia del pueblo de Israel, cómo éste se desviaba de Dios e inevitablemente caía en la adoración de esta diosa reina.

Y dejaron a Jehová, y adoraron a Baal y a Astarot.
Jueces 2:13

Esto ponía un velo en el entendimiento de la gente para que no pudieran ver cuanto estaban ofendiendo a Dios. Esta diosa, la reina del cielo, en ninguna manera es María la madre de nuestro Señor. Es un espíritu engañador que existió mucho años antes de la venida de Cristo. Ésta tiene un poder que caza el alma de la gente por generaciones y cuando se ve amenazada produce en sus seguidores un enojo a tal punto que la gente cierra sus corazones para no oír lo que Dios les quiere decir.

Dios es bueno y misericordioso y quiere nuestro bien, pero si hay algo que abomina es la idolatría, la cual censura con gran enojo.

En el libro de Jeremías, escrito entre el año 628 y el 580 antes de Cristo, vemos claramente a la reina del cielo perturbando el corazón del pueblo de Israel al igual que lo hace hoy en día.

*Ahora, pues, así ha dicho Jehová de los ejércitos, Dios de Israel: **¿Por qué hacéis tan grande mal contra vosotros mismos,** para ser destruidos el hombre y la mujer, el muchacho y el niño de pecho de en medio de Judá, sin que os quede remanente alguno, haciéndome enojar con las obras de vuestras manos, ofreciendo incienso a dioses ajenos en la tierra de Egipto, adonde habéis entrado para vivir, de suerte que os acabéis, y seáis por maldición y por oprobio a todas las naciones de la tierra?*
Jeremías 44:7-8

*Entonces todos los que sabían que sus mujeres habían ofrecido incienso a dioses ajenos, y todas las mujeres que estaban presentes, una gran concurrencia, y todo el pueblo que habitaba en tierra de Egipto, en Patros, respondieron a Jeremías, diciendo: La palabra que nos has hablado en nombre de Jehová, **no la oiremos de ti**; sino que ciertamente pondremos por obra toda palabra que ha salido de nuestra boca, para ofrecer incienso **a la reina del cielo**, derramándole libaciones, como hemos hecho nosotros y nuestros padres, nuestros reyes y nuestros príncipes, en las ciudades de Judá y en las plazas de Jerusalén, y tuvimos abundancia de pan, y estuvimos alegres, y no vimos mal alguno.* *Jeremías 44:15-17*

Note la reacción tan dura de las mujeres y de todo el pueblo, cegados por el dominio espiritual de la reina del cielo. "No oiremos de ti la palabra que viene de Jehová."

Este espíritu es real, y opera en millones de gentes apartándolas de la voluntad de Dios y velando su entendimiento. Dios se enoja fuertemente por esta causa y responde con gran indignación a esa reacción de ellos.

He aquí que yo velo sobre ellos para mal, y no para bien; y todos los hombres de Judá que están en tierra de Egipto serán consumidos a espada y de hambre, hasta que perezcan del todo. Y los que escapen de la espada volverán de la tierra de Egipto a la tierra de Judá, pocos hombres; **sabrá, pues, todo el resto de Judá que ha entrado en Egipto a morar allí, la palabra de quién ha de permanecer: si la mía, o la suya.** *Jeremías 44:27-28*

Como vimos al principio de estas escrituras en Jeremías, la adoración a la reina del cielo trae grandes males a sus seguidores. Entre estos, miseria, robos, enfermedades y profundos dolores y desgracias.

¿Por qué hacéis tan grande mal contra vosotros mismos, *para ser destruidos...* *Jeremías 44:15*

Esto lo vemos reflejado con el hambre terrible y los robos de los que el pueblo de Israel fue víctima en el tiempo de los jueces, cuando los Madianitas arrasaban continuamente con todo lo que tenían. Esto se debió otra vez a que adoraban a esta diosa llamada Asera o Astarté, reina del cielo entre los cananeos.

Dios se manifiesta a Gedeón quien sería levantado cómo libertador en aquel tiempo, y le dice que es necesario que derribe el altar que su padre irguió a la diosa Asera[5] para que pueda librarlos del hambre y del asedio de los Madianitas.

Aconteció que la misma noche le dijo Jehová: Toma un toro del hato de tu padre, el segundo toro de siete años, y derriba el altar de Baal que tu padre tiene, y corta también la imagen de Asera que está junto a él; y edifica altar a Jehová tu Dios en la cumbre de este peñasco en lugar conveniente; y tomando el segundo toro, sacrifícalo en holocausto con la madera de la imagen de Asera que habrás cortado. Jueces 6:25-26

Ahora bien, volviendo a Babilonia y el plan que tenía satanás de gobernar sobre toda la tierra apartando a los hombres del Dios verdadero; no sólo implicaba ser adorado sino también el levantar un reino a través del cual sojuzgaría a todas las naciones.

Como hemos estado estudiando, su estrategía fue diseñar la engañosa identidad de "la reina del cielo". Lo interesante es que Babilonia no sólo fue una ciudad que existió en la antigüedad sino que es también una ciudad espiritual de pecado que continúa reinando sobre todas las naciones.

Babilonia representa todo un sistema de autoridad que vela los corazones de los hombres. En el Apocalipsis de Juan, es representada como una gran prostituta.

---

[5] Asera es una representación similar a Astarté o Astaroth.

Y la mujer estaba vestida de púrpura y escarlata, y adornada de oro, de piedras preciosas y de perlas, y tenía en la mano un cáliz de oro lleno de abominaciones y de la inmundicia de su fornicación; y en su frente un nombre escrito, un misterio: BABILONIA LA GRANDE, LA MADRE DE LAS RAMERAS Y DE LAS ABOMINACIONES DE LA TIERRA. Vi a la mujer ebria de la sangre de los santos, y de la sangre de los mártires de Jesús; y cuando la vi, quedé asombrado con gran asombro.   *Apocalipsis 17:4-6*

Y la mujer que has visto es la gran ciudad que reina sobre los reyes de la tierra.   *Apocalipsis 17:18*

Babilonia es un gobierno espiritual y en el trono está sentada precisamente la reina del cielo.

Estatua de la gran ramera, sosteniendo en sus manos un rey y un Papa, ubicada en el lago de Konstancia en Alemania.

4. La creación de la falsa María

Ahora bien, recordemos que satanás iba a desarrollar una fuerte enemistad en contra de María, ya que ella fue quien realmente llevó en su vientre y dio a luz al Mesías. En su mente perturbada y llena de maldad ideó el plan que más hiriera el corazón del Padre, del Hijo y de la misma María. Fue entonces que decidió crear "la falsa María".

Por milenios había ya establecido y desarrollado el culto a la reina del cielo, luego su plan consistiría en robarse el nombre de la madre de nuestro Señor y fusionarlo a la de su creación abominable.

La gran oportunidad surgió cuando el Apóstol Juan se llevó a María, la madre de Jesús, a vivir con él en la ciudad de Éfeso. Él la había tomado cómo su propia madre cuando Jesús se lo anunció desde la cruz, y por años vivieron en esa ciudad del Asia menor.

Éfeso, era conocida en la antiguedad por el culto a Diana. Esta deidad daba grandes ganancias a los fabricantes de ídolos, y tenía cautiva bajo su adoración a todo el Asia y al mundo entero.

Cuando el Apóstol Pablo entró a Éfeso para evangelizar la ciudad se encontró en medio de una gran confrontación con esta potestad de las tinieblas.

Porque un platero llamado Demetrio, que hacía de plata templecillos de Diana, daba no poca ganancia a los artífices; a los cuales, reunidos con los obreros del mismo *oficio, dijo: Varones, sabéis que de este oficio obtenemos nuestra riqueza; pero veis y oís que este Pablo, no solamente en Efeso, sino en casi toda Asia, ha apartado a muchas gentes con persuasión, diciendo que no son dioses los que se hacen con las manos. Y no solamente hay peligro de que este nuestro negocio venga a desacreditarse, sino también que el templo de la gran diosa Diana sea estimado en nada, y comience a ser destruida **la majestad de aquella a quien venera toda Asia, y el mundo entero.** Cuando oyeron estas cosas, se llenaron de ira, y gritaron, diciendo: ¡Grande es Diana de los Efesios!* Hechos 19:24-28

Aquí entonces nos encontramos con un lugar donde se lleva a cabo la máxima manifestación de la reina del cielo en el tiempo de los Apóstoles y que a la vez es el hogar de María, la mujer que satanás tenía en la mira.

El diablo esperó pacientemente a que muriera Juan, el último de los apóstoles, ya que mientras él estaba vivo jamás hubiera consentido que satanás llevara a cabo ese plan de mezclar a María con Diana de los Efesios. Esta diosa era considerada la "madre de la humanidad" y por esta causa su imagen está compuesta de una mujer con muchos pechos, con los cuales amamanta al mundo.

A la muerte de María, Dios estratégicamente desaparece su cuerpo como lo hizo con el cuerpo de Moisés. Tanto el uno como el otro fueron cuerpos que de caer en mano de los hombres hubieran sido desechos por los idolatras.

*Pero cuando el arcángel Miguel **contendía con el diablo, disputando con él por el cuerpo de Moisés,** no se atrevió a proferir juicio de maldición contra él, sino que dijo: El Señor te reprenda.*   *Judas 9*

Históricamente existe una tumba vacía dedicada a María, donde en algunos de los libros apócrifos se describe que ella, después de su muerte fue llevada al cielo por medio de ángeles. El arrebatamiento es un hecho constatable en la Biblia y le sucedió a algunos de los profetas del Antiguo Testamento tales como Enoch y Elías.[6] Por lo que no es extrabíblico suponer que esto le pudo suceder a María. Lo cierto es que al igual que el cuerpo de Moisés, su cuerpo no está en ningún lugar conocido. Fue tan sólo en 1958 que la asunción de María fue aceptada por el Vaticano.

La verdad es que después de tantos siglos y sin un veredicto bíblico es difícil y casi imposible saber qué fue lo que sucedió con su cuerpo.

Pasados más de 200 años después de la muerte del Apóstol Juan, el Emperador Constantino de Roma tuvo una visión de una cruz, y una voz que le decía "bajo este signo vencerás". A partir de ese momento El emperador se declaró cristiano y detuvo la persecución de sus hermanos en la fe promoviendo la nueva religión en el imperio Romano. Sin embargo, al no tener mucha revelación ni el consejo de los padres de la Iglesia, decidió mezclar los dioses paganos con las figuras eminentes

---

[6] Caminó, pues, **Enoc** con Dios, y desapareció, porque le llevó Dios. Génesis 5:24. Y aconteció que yendo ellos y hablando, he aquí un carro de fuego con caballos de fuego apartó a los dos; y **Elías** subió al cielo en un torbellino. 2 Reyes 2:11

del Cristianismo. Esto le ayudó a unificar su Imperio el cual amenazaba de fragmentarse.

De esta manera el diablo consiguió su plan idóneo, usurpar el nombre de María y unirlo a la adoración pagana. Esta falsa María tomaría el lugar de Diana de los Efesios y de Venus entre los Romanos y sería la nueva "reina del cielo." En el año 431 D.C. en el concilio de Éfeso, María es proclamada "madre de Dios" y "reina del cielo" y se le hace la primera imagen de talla configurándola en la misma posición que Diana de los Efesios.

Diana de los Efesios   *La falsa María (Virgen en Éfeso)*

Diana de los Efesios siendo coronada por ángeles como Reina del cielo.

Note el león, símbolo de Innana y de Ishtar en el pedestal, así como las figuras desnudas de los ángeles y de los que la rodean, claro símbolo de las diosas de la fertilidad.

Ahora veamos la similitud en este retablo de la falsa María, siendo igualmente coronada por ángeles desnudos sobre la luna de Inanna.

Que dolor tan grande el que debe haber sentido y lo sigue sufriendo la verdadera María, la santa madre de Jesús, temerosa de Dios aborrecedora de la idolatría y guardadora de todos los mandamientos que el Padre y Jesús establecieron.

La verdadera María jamás hubiera permitido algo así. Jamás se posicionó sobre la Iglesia. Jamás se proclamó a sí misma mediadora entre Dios y los hombres. Ella sabía que ese lugar sólo le pertenecía a Jesús.

> *Porque hay un solo Dios, y un solo **mediador** entre Dios y los hombres, Jesucristo hombre...*   *1Timoteo 2:5*

Jesús le aplastó la cabeza a la serpiente, y está lo mordió en el calcañar, haciendo de su madre, un ídolo.

Es muy importante entender que María la madre de Jesús y María la reina del cielo o la falsa maría son dos espíritus completamente diferentes. Con intenciones opuestas.

La verdadera María, quien conoce y honra a Dios nos condujo a adorarlo a Él y sólo a Él. María jamás buscaría adoración porque entendió la misión de su Hijo en la tierra. Jesús era el único y suficiente Salvador quien murió por nuestros pecados, llevó nuestras enfermedades, y venció la muerte para darnos vida eterna. Esto no lo puede llevar a cabo María ni jamás fue su misión.

Su mensaje fue claro y se resume en una frase "HACED TODO LO QUE EL OS DIJERE" (Juan 2:5)

María conocía al Padre Eterno y para Él fue dirigida toda su adoración, ella cumplía con los mandamientos de Dios escritos en la Ley de Moisés, en los Salmos y en los Profetas. Ella jamás permitiría que se hiciesen esculturas para adorarla.

*Yo Jehová; este es mi nombre; y a otro no daré mi gloria, ni mi alabanza a **esculturas.*** *Isaías 42:8*

Dios aborrece Babilonia, sus ídolos, su reina del cielo y todos sus símbolos demoníacos y quiere limpiar a todos los que genuinamente lo buscan y han sido engañados por esta mentira del infierno. Es necesario entender estas cosas y poder hacer la separación entre la verdadera María y la falsa. Dios está juzgando a Babilonia y a su reina que inevitablemente caerán junto con todo lo que es falso.

*Desciende y siéntate en el polvo, **virgen hija de Babilonia.** Siéntate en la tierra, sin trono, hija de los caldeos; porque nunca más te llamarán tierna y delicada.* *Isaías 47:1*

*Siéntate, calla, y entra en tinieblas, hija de los caldeos; porque nunca más te llamarán **señora de reinos.*** *Isaías 47:5*

María es la madre de nuestro Señor y la más bienaventurada de todas las mujeres. La Biblia dice que demos honra a quien honra merece. Honrar es dar reconicimiento a alguien por quien esa persona es, o por sus obras pero no es adorar ni postrarnos ante ella, lo cual sólo se debe hacer ante Dios.

La verdadera María está en el cielo en un lugar muy especial alrededor del trono de Dios. Pero ella no es Dios, ni tiene los atributos del Todopoderoso. **Ella no es omnipresente** para estar en todo lugar, oyendo las oraciones de billones de personas. Ella sabe que esto sólo lo puede hacer Jesucristo quien es Dios y nuestro Sumo sacerdote e intercesor.

*Y los otros sacerdotes llegaron a ser muchos, debido a que por la muerte no podían continuar; mas éste (Jesús), por cuanto permanece para siempre, tiene un sacerdocio inmutable; por lo cual **puede también salvar perpetuamente a los que por él se acercan a Dios, viviendo siempre para interceder por ellos**. Porque tal sumo sacerdote nos convenía: santo, inocente, sin mancha, apartado de los pecadores, y hecho más sublime que los cielos;*   Hebreos 7:23-26

El Apóstol Juan durante su arrebatamiento al cielo donde le fue revelado el Apocalipsis, cae postrado ante el ángel quien le está revelando todas esas cosas, y el ángel lo reprende por hacerlo.

*Y el ángel me dijo: Escribe: Bienaventurados los que son llamados a la cena de las bodas del Cordero. Y me dijo: Estas son palabras verdaderas de Dios. **Yo me postré a sus pies para adorarle. Y él me dijo: Mira, no lo hagas; yo soy consiervo tuyo**, y de tus hermanos que retienen el testimonio de Jesús. Adora a Dios; porque el testimonio de Jesús es el espíritu de la profecía.*   Apocalipsis 19:9-10

Si María nos pudiera hablar, nos diría: 'No os postréis ante mí, adorad a Dios, yo soy consierva de todos los hermanos que retienen el testimonio de Jesús.'

Más adelante hablaremos de nuestra posición correcta ante María de acuerdo a la Palabra de Dios.

CAPÍTULO 5

LA REINA DEL CIELO O FALSA MARÍA DESPUÉS DEL SIGLO IV D.C.

Habiendo ya estudiado los rasgos y símbolos principales de la Reina del cielo a través de Semiramis, Inanna, Ishtar, y Astaroth. Veamos cómo se reflejan en la iconografía hecha a la falsa María y en la edificación de sus templos postreros al siglo IV después de Cristo.

Puerta de los leones en la Catedral de Toledo. Aquí volvemos a identificar los símbolos de Ishtar: Los leones, el disco solar y la flor de liz.

Al mezclarse el nombre de la falsa María con diosas de toda cultura y de diversos atributos y poderes, vamos a ver surgir un sinnúmero de imágenes distintas. Va a adoptar diferentes razas, y nombres. Ya no sólo se llamará falsamente María sino que tomará en muchos casos los nombres y los atributos de las diosas que se veneraron antes de Cristo. Siendo unas imágenes, más o menos milagrosas que otras.

Los cubanos dirán que "La caridad del cobre" es más poderosa que otras imágenes. Los Mexicanos, no adorarán a la virgen negra de Polonia, sino a la Guadalupana, ni los franceses adoradores de la virgen de Lourdes, seguirán a la virgen de Fátima, quien rige sobre Portugal.

Unos dirán que la virgen de la concepción tiene más poder que la virgen del Carmen, y otros dirán que es al contrario. De hecho se calcula que hay 2850 nombres distintos de vírgenes. Unas son negras, otras rubias, otras modestas, otras triunfantes, otras ostentosas y otras dolorosas.

Virgen Negra de Monserrat, España en la misma postura que Semiramis.

Virgen de Guadalupe, hecha en la misma postura que Tonatzin La diosa Azteca.

Virgen negra con el Círculo solar y la flor de liz. Vemos también en esta imagen los símbolos de la diosa Hindú Durga, el collar de cuentas redondas y el pendiente en el cuello.

Diosa Durga, con círculo solar, flor de liz y con cuentas circulares y pendiente.

Venus con rosas y ángeles desnudos.

Madona con ángeles desnudos. Y rosas y la luna de Ishtar.

Ishtar usurpando la imagen de María. Note cómo ella es quien tiene la corona del reino, el Padre y Jesús no tienen coronas. Jesús lleva las estrellas de 8 puntas, símbolo de Ishtar, en su vestido, y María la flor de liz y las estrellas de 8 puntas rodeando el disco solar que está sobre su cabeza.

Ahora bien, recordemos que el plan de satanás es el colocarse por encima de Dios, ser él quien aparezca coronado y reinando por encima del Padre y de Jesús a fin de despojarlos de Su gloria. Por esta razón cuando vemos una gran mayoría de las imágenes de la reina del cielo o falsa María, ésta se encuentra al lado de las figuras del Padre y del Hijo, y la observamos a ella coronada, más no a ellos.

Aquí tenemos primeramente los símbolos de Ishtar y de Inanna, la estrella de ocho puntas, la luna y el sol, y en la imagen que le sigue, los veremos alrededor de la falsa María.

Estrella, Luna y Sol de Ishtar.

En esta imagen vemos también que es ella quien lleva la corona, y el Padre y el Hijo están inclinándose ante ella. Aparecen también a su alrededor los símbolos del sol, la luna, y la estrella de ocho puntas.

También nos vamos a encontrar con templos edificados a la falsa María donde claramente se ve que ella es la reina del cielo y no hay lugar para nadie más. En estos casos ella ocupa el altar mayor y a Jesús no se le ve ni resucitado ni reinando, sino muerto en una pequeña cruz, o como un bebé en sus brazos. Mientras un heredero al trono de un rey sea un infante, no tiene reino, ni autoridad.

Y así es como el diablo quiere proyectar a Jesús. Y no como en realidad es, Jesús fue quien venció al diablo y le quitó todo el dominio de la tierra.

Altar mayor de la reina del cielo en la Iglesia del Santísimo nombre de María. Note el contraste entre el gigantesco altar a la reina y la diminuta figura de Jesús colgado en la cruz sin reino ni autoridad.

Que Dios abra nuestro entendimiento y podamos ver la luz del evangelio y las artimañas engañosas del diablo.

La idolatría, ciega y ensordece a los que la practican y tiene como precio el no poder entrar al reino de Dios.

Los ídolos de ellos son plata y oro, Obra de manos de hombres. Tienen boca, mas no hablan; Tienen ojos, mas no ven; Orejas tienen, mas no oyen; Tienen narices, mas no huelen; Manos tienen, mas no palpan; Tienen pies, mas no andan; No hablan con su garganta. Semejantes a ellos son los que los hacen, Y cualquiera que confía en ellos.

Salmos 115:4-8

*Pero los cobardes e incrédulos, los abominables y homicidas, los fornicarios y hechiceros, los **idólatras** y todos los mentirosos tendrán su parte en el lago que arde con fuego y azufre, que es la muerte segunda.*

Apocalipsis 21:8

Esto no es un asunto ligero o secundario. Es un asunto de vital importancia porque involucra el destino eterno de los hombres.

CAPÍTULO 6

EL CAMINO, LA VERDAD Y LA VIDA

Pese a mi encuentro con la Virgen de Garabandal, sentía un profundo vacío en mi corazón. Las oraciones repetitivitas del rosario llegaron a convertirse en monótonas y no satisfacían mi búsqueda espiritual. Tenía que haber algo más, que desde luego yo no lo tenía. Yo quería vivir una vida genuina con Dios, que me hiciera sentirlo y vivirlo como los grandes héroes de la fe. Pero tan sólo tenía el recuerdo de mis escasas experiencias místicas.

La vida empezó a darme reveces que me hundían en un dolor cada vez más profundo. Por todos lados venía sobre mí destrucción. Fui víctima de traiciones horribles, abusos, violencia, robo y agravios de todo tipo. Mi salud y mi vida financiera también caían en un hoyo sin salida. Así pasaron nueve años, en que el panorama de mi existencia se fue haciendo cada vez más deprimente, hasta tocar literalmente fondo.

Mis rezos desesperados eran humo que se esfumaba sin respuestas, sin luz, en una noche que parecía que nunca llegaría a su fin.

Terminé en un hospital, al borde del suicidio. Estaba hundida en la más terrible depresión del alma sin esperanza alguna, cuando alguien entró a mi cuarto. Era un hombre joven y amable y sus ojos radiaban una paz que pocas veces había visto. Empezó a hablarme de Jesús el Hijo de Dios en una forma viva y poderosa. Nunca nadie me había hablado del amor de Dios como lo hizo aquel hombre.

Mientras hablaba podía ver a Jesús literalmente delante de mí clavado en la cruz, sentía su mirada traspasándome el corazón y diciéndome en palabras silenciosas, "Lo hice por amor a ti y si fueras la única persona sobre la tierra lo habría hecho sólo por ti."

Era tan real, la forma en que lo estaba mirando que llegué a pensar que estaba ahí en medio de nosotros. Entonces oí a mi visitante que repetía las palabras de Jesús -"Yo soy el camino, la verdad y la vida, nadie viene al Padre sino por mí."

Cuando dijo eso, una luz resplandeciente iluminó todo mi ser. Era el poder de la Verdad que se estaba manifestando en mi interior. Jesús ES EL CAMINO, no un camino, sino la única forma de reconciliarnos con el Padre.

Toda yo, quería a Jesús, a ese Jesús vivo que en un instante estaba transformando toda mi depresión y mi soledad en esperanza, pero Su luz me confrontaba con la realidad de mi alma sucia de tantos pecados. ¿Cómo podría Jesús perdonarme? pensé; redargüida por la presencia de Su santidad que innegablemente había entrado a la habitación. El era tan puro, tan santo, tan perfecto, y yo una pecadora, indigna y destruida sin nada que poderle ofrecer.

Empecé a llorar arrepentida y anhelando Su misericordia y Su maravilloso amor. Estaba hecha un nudo de dolor y de llanto, viendo la maldad y la fealdad de mi alma, cuando las manos de aquel hombre se posaron sobre mi cabeza y con una voz llena de convicción dijo.

-'Jesús, perdónala de todo pecado y límpiala de toda maldad por tu sangre preciosa que derramaste en la cruz por ella.'

Algo sucedió en ese momento que quitó de mí una especie de manto de culpa y de dolor. Todo se había ido de mí y sentía que volaba.

-'Ahora invita a Jesús a vivir dentro de ti y has un pacto de salvación con Él.'- Me dijo, y luego añadió: -'La paga del pecado es muerte, pero la dádiva de Dios es la vida eterna. Él te va a llenar de Su vida y te va a enseñar todas las cosas.'

Así lo hice, con todo mi corazón y desde aquel día maravilloso Él vive en mí. Como Él mismo lo dijo:

No os dejaré huérfanos estaré con vosotros todos los días hasta el fin del mundo.   *Mateo 28:20?*

Él es verdaderamente el Camino, La verdad y la vida y quién llena el vacío de todo hombre y lo llena de paz.

Mi vida cambió radicalmente a partir de ese día, como puede cambiar la vida de todo aquel que le siga y permita que Él viva en su corazón. El sol salió y la noche de años de dolor llegó a su fin.

Ahora tenía que aprender a seguirlo y a honrarlo como quien realmente es: El Rey de reyes y el Señor de señores. El ya no está muerto ni clavado en la cruz, sino resucitado, vivo, y reconciliando al mundo con Su Padre.

el dijo: Y esta es la vida eterna: que te conozcan a ti, el único Dios verdadero, y a Jesucristo, a quien has enviado.   *Juan 17:3*

CAPÍTULO 7

EL ENCUENTRO CON LA VERDAD

Tras el poderoso encuentro que tuve con Jesucristo, empecé a estudiar la Biblia ayudada por Cristian, el hombre que me habló en el hospital. El lideraba un grupo, el cual se reunía en una casa.

Lo primero que hice fue leer el Nuevo Testamento. El cual se hacía vivo a medida que lo leía. Era como si Dios mismo me hablara, resaltando los versículos en los que quería que fijara mi atención.

Un día en que Cristian vino a visitarme, le conté mi experiencia con la Virgen de Garabandal y le sugerí que me dejara compartirla con el grupo. El sonrió y me dijo que le parecía muy interesante, pero que toda experiencia espiritual, era necesario cotejarla con la Palabra de Dios, y orar para recibir la dirección de Dios antes de compartirla públicamente.

Me quedé un poco sorprendida de su respuesta, ya que para mí una experiencia como la que yo había tenido me parecía incuestionable. No había conocido a nadie que se preguntara ante una aparición de la Virgen, si ésta, era de Dios o no. Por lo que lejos de hacerle la pregunta al Señor, me dispuse a escribir lo que estaba dispuesta a compartir con los demás estudiantes.

Al estar haciendo mis anotaciones, empecé a sentir una profunda inquietud que empezó a incomodarme. ¿Sería que realmente tendría que orar? ¿Por qué estaba dudando de algo que tan radicalmente había impresionado mi vida? Pero...la había realmente cambiado para bien?

Mil preguntas, y un montón de versículos Bíblicos corrían por mi mente inexperta y mi corazón de principiante en los asuntos divinos.

Entonces vino sobre mí un temor. Como que algo muy santo dentro de mí no quería hacer nada que pudiera ofender a mi amado Padre celestial. Era la misma presencia de Jesús, quién ahora vivía en mí, la que me estaba llamando a inquirir sobre ese tema.

No tenía ninguna experiencia en cómo conseguir una respuesta de Dios, así que ingenuamente abrí la Biblia al azar y un versículo saltó ante mis ojos como si una lupa estuviera sobre de él.

Una cosa he demandado a Jehová, ésta buscaré; Que esté yo en la casa de Jehová todos los días de mi vida, Para contemplar la hermosura de Jehová, y para inquirir en su templo.   *Salmo 27:4*

Entre las cosas que había aprendido en mis escasas lecciones, era que nosotros los creyentes habíamos sido constituidos por Dios, el templo donde habita Su presencia. Jesús nos había dado el Espíritu Santo para guiaranos a toda verdad y de esta manera podíamos preguntarle cualquier cosa.

Pero yo os digo la verdad: Os conviene que yo me vaya; porque si no me fuese, el Consolador no vendría a vosotros; mas si me fuere, os lo enviaré. Juan 16:7

Pero cuando venga el Espíritu de verdad, él os guiará a toda la verdad; porque no hablará por su propia cuenta, sino que hablará todo lo que oyere, y os hará saber las cosas que habrán de venir. El me glorificará; porque tomará de lo mío, y os lo hará saber. Todo lo que tiene el Padre es mío; por eso dije que tomará de lo mío, y os lo hará saber. Juan 16:13-15

Habiendo leído esto, me atreví a hacer la pregunta directamente. ¿Señor Jesús me podrías hablar sobre mi experiencia con la Virgen de Garabandal?

Me quedé callada esperando con gran fe que Él me contestara. Entonces oí una voz dulce y clara que se dejó escuchar dentro de mi Espíritu, definitivamente no era mi imaginación. Me dijo: 'Es necesario probar a todo espíritu, porque no todos los mensajeros de luz provienen de mi Padre. ¿Qué te dijo ese espíritu a quien llamas la virgen?'

En ese momento me turbé, primero por la sorpresa de que me estaba contestando y luego por la pregunta en sí?

Recordé y analicé todo, como si lo estuviera viviendo de nuevo. Y luego le contesté.

-'Me dijo que... rezara el rosario todos los días'
Inmediatamente la suave voz del Señor irrumpió en mi interior:

-'¿Y que dice mi Palabra al respecto?' [7]

-'Que cuando oremos, no hagamos vanas repeticiones como los paganos.' [7]

-'¿Que más te dijo?'

-'Que ella sabía el día y la hora del fin de los tiempos y que nos reuniría en Garabandal a todos sus hijos.'

-'Y ¿qué fue lo que yo dije acerca de eso cuando estuve en la tierra?'

-'Que nadie sabía el día y la hora, sólo el Padre en el cielo.'

Me encontraba desconcertada e impactada por tal diálogo. Entonces claramente me dijo: - 'Lee Gálatas 1:8'

Yo no era una erudita de la Biblia, pero esa instrucción sonaba a una de las épistolas. Así que apresuradamente y literalmente temblando, tomé la Biblia y busqué si acaso había un libro con ese nombre. Me quedé atónita cuando no sólo lo encontré sino cuando leí lo que decía.

---

[7] Mas tú, cuando ores, entra en tu aposento, y cerrada la puerta, ora a tu Padre que está en secreto; y tu Padre que ve en lo secreto te recompensará en público. Y orando, no uséis vanas repeticiones, como los gentiles, que piensan que por su palabrería serán oídos. No os hagáis, pues, semejantes a ellos; porque vuestro Padre sabe de qué cosas tenéis necesidad, antes que vosotros le pidáis. Mateo 6:6-8

Mas si aún nosotros, o un ángel del cielo, os anunciare otro evangelio diferente del que os hemos anunciado, sea anatema.   *Gálatas 1:8*

Cuando leí eso, toda mi experiencia con la "virgen" se hizo clara y se derrumbó dentro de mí. Me quedé sin palabras. Sólo Dios pudo haberme convencido de la verdad de esa experiencia. Cuando se vive algo así, no hay hombre que nos pueda persuadir que una vivencia tal no proviene de Dios.

Cuanta sabiduría tuvo aquel joven maestro de la Biblia. Somos tan débiles los seres humanos ante los hechos insólitos del mundo invisible, que si no tenemos un ancla de verdad, somos fácilmente engañados.

Por siglos la Biblia ha estado olvidada por millones de personas que profesan creer en el Evangelio de Jesucristo. La Biblia es el legado que Él nos dejó para vivir conforme a la verdad. Lo que puedan decir los hombres, aún los más eminentes dentro de la fe, no deja de ser inferior a la Palabra de Dios. Es importantísimo ser instruidos correctamente para no ser engañados y sobre todo porque es Su Palabra la que nos juzgará en el día postrero. ¿Cómo entonces, desecharla, o tratarla como algo sin importancia en nuestras vidas?

El que me rechaza, y no recibe mis palabras, tiene quien le juzgue; la palabra que he hablado, ella le juzgará en el día postrero.   *Juan 12:48*

Su Palabra es nuestra herencia, nuestra bendición y la única luz capaz de iluminar nuestro caminar.

*Lámpara es a mis pies tu palabra, Y **lumbrera** a mi camino.*
Salmo 119:105

Estamos viviendo un siglo de grandes sobrenaturalidades, apariciones y manifestaciones provenientes del mundo invisible, tanto de Dios como de satanás. Por eso necesitamos estar seguros y saber que lo que creemos tiene un fundamento certero en Dios y no en fábulas de los hombres o de falsos ángeles de luz enviados para desviarnos.

Yo amaba a Jesús desde niña, pero no tenía un fundamento en la verdad de la Palabra de Dios. Fui engañada por un falso ángel de luz, que me desvió de la fe en Jesucristo para centrarme en lo que ahora sé que era la falsa María. Ella siempre busca que dependamos de ella para robarle la gloria y la adoración a Jesús y al Padre.

CAPÍTULO

DISCERNIENDO UNA APARICIÓN

Hemos visto a lo largo de este estudio, cómo es posible confundir a la verdadera María con la falsa, y cómo en todo hecho sobrenatural es importante saber discernir, de dónde proviene una visión o una aparición.

Una de las estrategias más comunes que tiene satanás para engañar es a través de sus falsos ángeles de luz. La Biblia está llena de encuentros sobrenaturales con seres celestiales, luego no todo lo que sucede en el ámbito del espíritu pertenece al diablo.

Uno de los errores más grandes sucede cuando nos dejamos impactar por la belleza o la luz de una aparición o por el nombre con que se identifica. Todas estas características pueden ser engañosas, aún los milagros y los prodigios.

No sólo Dios hace milagros y puede sanar, aún los brujos, hechiceros y el diablo mismo lo puede hacer; aunque no siempre. Pero pueden hacer lo suficiente para echar su red y atrapar a alguien. El diablo es el maestro del ilusionismo y crea toda forma de imágenes mentirosas para hacernos creer que una imagen es de Dios porque llora o porque sangra.

Porque ya está en acción el misterio de la iniquidad...inicuo cuyo advenimiento es por obra de Satanás, con gran poder y señales y prodigios mentirosos, y con todo engaño de iniquidad para los que se pierden, por cuanto no recibieron el amor de la verdad para ser salvos. Por esto Dios les envía un poder engañoso, para que crean la mentira, a fin de que sean condenados todos los que no creyeron a la verdad, sino que se complacieron en la injusticia.
2 Tesalonicenses 2:7-12

El Apóstol Juan quien vivía en la ciudad de Éfeso donde sucedían muchos sucesos sobrenaturales instruyó a los discípulos a discernir todo espíritu.

Amados, no creáis a todo espíritu, sino probad los espíritus si son de Dios; porque muchos falsos profetas han salido por el mundo. En esto conoced el Espíritu de Dios: Todo espíritu que confiesa que Jesucristo ha venido en carne, es de Dios;
1 Juan 4:1-2

Un espíritu que es de Dios, siempre le va a dar la gloria a Dios y va a reconocer el Señorío de Jesucristo. Esto quiere decir que el mensaje de un verdadero mensajero de Dios siempre señalará hacia Jesús como suprema autoridad por debajo del Padre. Dios tiene un mensaje claro y satanás también, ambos mensajeros serán coherentes y alineados con el mensaje de aquel a quien sirven.

El Mensaje De Dios,

Éste señala al Hijo y a Su obra en la Tierra y sus mensajeros son enviados para darnos mensajes que nos alineen con lo que Jesús hizo por nosotros. El mensaje de Dios siempre apunta hacia Él mismo y hacia la salvación provista por Él. Lleva al hombre al arrepentimiento y a enderezar sus caminos y tiene como fruto vidas rectas que adoran a Dios.

a. Jesus hablando de sus mensajeros dijo:

*De cierto, de cierto os digo: **El siervo no es mayor que su señor, ni el enviado es mayor que el que le envió**.* Juan 13:16

b. El mensaje del arcángel Miguel a María:

"El Reinado de Jesucristo"

Entonces el ángel le dijo: María, no temas, porque has hallado gracia delante de Dios. Y ahora, concebirás en tu vientre, y darás a luz un hijo, y llamarás su nombre JESÚS. Este será grande, y será llamado Hijo del Altísimo; y el Señor Dios le dará el trono de David su padre; y reinará sobre la casa de Jacob para siempre, y su reino no tendrá fin. Lucas 1:30-33

c. El mensaje de los ángeles de la natividad:

"Jesús es el Salvador"

Pero el ángel les dijo: No temáis; porque he aquí os doy nuevas de gran gozo, que será para todo el pueblo: que os ha nacido hoy, en la ciudad de David, un Salvador, que es CRISTO el Señor. Lucas 2:10-11

d. Algunos mensajes de los Apóstoles:

"Sólo en Jesús se puede ser salvo." Y "el templo de Dios es en el Espíritu"

*Y en ningún otro hay salvación; **porque no hay otro nombre bajo el cielo, dado a los hombres, en que podamos ser salvos.***
Hechos 4:12

¿O ignoráis que vuestro cuerpo es templo del Espíritu Santo, el cual está en vosotros, el cual tenéis de Dios, y que no sois vuestros? Porque habéis sido comprados por precio; glorificad, pues, a Dios en vuestro cuerpo y en vuestro espíritu, los cuales son de Dios.
1 Corintios 6:19-20

El Mensaje del Diablo

Por otro lado el diablo siempre busca exaltarse a sí mismo, y hará lo que sea para que la gente se postre ante él a adorarlo. A Jesús le ofreció todos los reinos de la tierra y a otros, riquezas y remuneración. Si al mismo Jesucristo lo tentó de esta manera, ¿qué no hará con seres humanos comunes y corrientes que desconocen lo que está escrito en la Palabra de Dios?

*Otra vez le llevó el diablo a un monte muy alto, y le mostró todos los reinos del mundo y la gloria de ellos, y le dijo: Todo esto te daré, **si postrado me adorares**. Entonces Jesús le dijo: Vete, Satanás, porque escrito está: **Al Señor tu Dios adorarás, y a él solo servirás.***
Mateo 4:8-10

La idolatría es la forma como se disfraza el diablo para ser adorado. Es por esta causa, que Dios la aborrece al punto que la llama espíritu de fornicación. Dios anhela y requiere que sólo Él sea adorado. El sabe que cuando el hombre empieza a buscar sus respuestas en figuras talladas, pinturas u obras de fundición, el que está atrás es Su enemigo, el diablo y que esto terminará destruyendo a la gente que Él tanto ama.

> *Mi pueblo a su ídolo de madera pregunta, y el leño le responde; porque espíritu de fornicaciones lo hizo errar, y dejaron a su Dios para fornicar. **Sobre las cimas de los montes sacrificaron, e incensaron sobre los collados**, debajo de las encinas, álamos y olmos que tuviesen buena sombra; por tanto, vuestras hijas fornicarán, y adulterarán vuestras nueras. No castigaré a vuestras hijas cuando forniquen, ni a vuestras nueras cuando adulteren; porque ellos mismos se van con rameras, y con malas mujeres sacrifican; por tanto, el pueblo sin entendimiento caerá.*
>
> *Oseas 4:12-14*

Teniendo todo esto en cuenta, analicemos algunos de los mensajes de las apariciones de la supuesta María y veamos si se trata de la verdadera madre de Jesús o de la falsa María creada por el diablo.

1. Análisis del mensaje de la Virgen de Guadalupe.

En México, en el cerro del Tepeyac donde los Aztecas adoraban a la diosa Coatlaxope-Tonatzin, se cuenta que se apareció quien hoy se conoce como La Virgen de Guadalupe.

Mensaje de la virgen de Guadalupe según el recuento de la Basílica que lleva su nombre:

"Ante Ella, Juan Diego **se postró**, y escuchó la voz de la

Aparición de la Virgen de Guadalupe a Juan Diego.

dulce y afable **Señora del Cielo**, en idioma Mexicano, le dijo: -'Escucha, hijo mío el menor, Juanito. ¿A dónde te diriges?' Y él le contestó: -'**Mi Señora, Reina**, Muchachita mía, allá llegaré, a tu casita de México Tlatilolco, a seguir las cosas de Dios que nos dan, que nos enseñan quienes son las imágenes de Nuestro Señor, nuestros Sacerdotes.'"

"De esta manera, dialogando con Juan Diego, la preciosa Doncella le manifiestó quién era y su voluntad. -'Sábelo, ten por cierto, hijo mío el más pequeño, que yo soy la perfecta siempre Virgen Santa María, **Madre del verdadero Dios por quien se vive, el creador de las personas, el dueño de la cercanía y de la inmediación, el dueño del cielo, el dueño de la tierra. Mucho quiero**, mucho deseo **que aquí me levanten mi casita sagrada**, en donde lo mostré, lo ensalzaré al ponerlo de manifiesto: lo daré a las gentes en todo mi amor personal, en mi mirada compasiva, en mi auxilio, **en mi salvación**: porque yo en verdad soy vuestra madre compasiva, tuya y de todos los hombres que en esta tierra estáis en uno, y de las demás variadas estirpes de hombres, mis amadores, los que a mí clamen, los que me busquen, los que confíen en mí, porque ahí escucharé su llanto, su tristeza, para remediar, para curar todas sus diferentes penas, sus miserias, sus dolores. Y para realizar lo que pretende mi compasiva mirada misericordiosa, anda al palacio del Obispo de México, y le dirás cómo yo te envío, para que le descubras **cómo mucho deseo que aquí me provea de una casa, me erija en el llano mi templo**; todo le contarás, cuanto has visto y admirado, y lo que has oído." Y la Señora del Cielo le hace una especial promesa: -'**ten por seguro que mucho lo agradeceré y lo pagaré, que por ello te enriqueceré, te glorificaré**; y mucho de allí merecerás con que yo retribuya tu cansancio, tu servicio con que vas a solicitar el asunto al que te envío.'" [8]

Si resumimos este mensaje, nos daremos claramente cuenta a cual María debemos atribuir esta aparición.

a. Esta virgen se hace a sí misma Madre del creador, del dueño del cielo y de la tierra, es decir se hace madre del mismo Padre Celestial.

b. Jesús, el Hijo de la verdadera María y salvador del mundo no es ni siquiera mencionado.

c. Ella se nombra salvadora de la humanidad, título que unicamente le pertenece a Jesucristo por haber llevado nuestro pecado y muerte en la cruz del Calvario.

d. Requiere que se le edifique un templo. Un templo sólo se le edifica a un dios con el propósito de rendirle culto y adoración.

---

[8] http://www.virgendeguadalupe.org.mx/juandiego/vida.htm

e. Le ofrece a Juan Diego una recompensa por su adoración, lo mismo que satanás le ofreció a Jesús durante la tentación en el desierto.

Existe también un documento histórico donde se puede ver claramente la fusión entre Tonatzin -la diosa Azteca- con la Guadalupana española.

"Es 'flor y canto'; esto es, oraciones y pasajes poéticos, redactados a la manera prehispánica, pero en clave teológica cristiana, como lo analiza y exhibe José Luis Guerrero Rosado en una obra con tal título." [9]

Además del sincretismo con la diosa Tonatzin, una vez más podemos constatar los símbolos de Ishtar, de Isis y de Venus en el vestido de la Guadalupana.

Rayos solares

Estrellas de ocho puntas

Flor de liz

Rosas de Isis

2. Mensaje de la Virgen de Fátima

El mensaje de la aparición de la virgen de Fátima a los tres pastorcitos en Portugal, es muy largo, por lo que tomaré sólo los fragmentos que nos den luz para discernir el origen de esta aparición. (El mensaje completo está en el apéndice 1 de este libro)

"'-Yo soy la Señora del Rosario, continúen rezando el Rosario todos los días, la guerra se acabará pronto.'"

También dijo en otra de sus apariciones:

"Después de este suceso, los niños Videntes estaban asustados y Nuestra Señora, les habló con bondad y tristeza:" *-'¿Han visto el infierno donde van a caer tantos pecadores?* ***Para salvarlos, el Señor quiere establecer en el mundo la devoción al Corazón Inmaculado de María. Vengo a pedir la Consagración del mundo al Corazón de María*** *y la Comunión de los Primeros Sábados, en desagravio y reparación por tantos pecados.'"* [10]

Este mensaje claramente anula el sacrificio de Cristo como el único y suficiente plan para nuestra salvación. En otras

---

[10] www.ewtn.com/spanish/Maria/fatima.htm

palabras la muerte y resurrección de Cristo no serviría para salvarnos. Lo que propone esta aparición es que el mundo entero le sea consagrado a una imagen llamada el "Corazón inmaculado de María."

La Biblia establece un claro plan de salvación a través de Jesucristo.

Jesús lo dejó bien claro en los evangelios.

a. El arrepentimiento genuino por nuestros pecados.

*(Jesús) diciendo: El tiempo se ha cumplido, y el reino de Dios se ha acercado; **arrepentíos**, y creed en el evangelio.*
Marcos 1:15

b. Creer en el evangelio, el cual anuncia los méritos de Cristo, Su muerte y resurrección como medio para nuestra salvación.

*Y les dijo: Id por todo el mundo y predicad el evangelio a toda criatura. **El que creyere y fuere bautizado, será salvo**; mas el que no creyere, será condenado. Y estas señales seguirán a los que creen: En mi nombre echarán fuera demonios; hablarán nuevas lenguas; tomarán en las manos serpientes, y si bebieren cosa mortífera, no les hará daño; sobre los enfermos pondrán sus manos, y sanarán. Y el Señor, después que les habló, fue recibido arriba en el cielo, y se sentó a la diestra de Dios. Y ellos, saliendo, predicaron en todas partes, ayudándoles el Señor y confirmando la palabra con las señales que la seguían. Amén.*
Marcos 16:15-20

c. La salvación es por gracia y no por obras de hombre.

Porque por gracia sois salvos por medio de la fe; y esto no de vosotros, pues es don de Dios; no por obras, para que nadie se gloríe.   *Efesios 2:8-9*

Cuando conocemos lo que Jesús hizo por nosotros y oímos acerca de los mensajes de estas apariciones, nos es claro que jamás podrían provenir de la verdadera María, la cual honró y creyó fielmente en lo que su Hijo hizo por la humanidad.

3. El Mensaje de la Virgen de Medjugorje

Esta es quizás de las apariciones más recientes que se han manifestado. Su mensaje, es el que estimo el más difícil de discernir ya que continuamente menciona a su hijo, pero jamás lo identifica como Jesucristo.

Recordemos lo que hablamos en un principio acerca de lo que es lo falso. Éste no es lo opuesto a la verdad, sino que contiene una gran cantidad de ésta, pero en algún lado la tuerce para lograr así su objetivo fraudulento. Como dijimos anteriormente, un billete falso, tiene muchas partes que son idénticas al verdadero, pero necesariamente difiere en otras.

---

[11] http://www.medjugorje.ws/es/messages/

Extraigo algunas partes del mensaje de esta aparición que nos ayudarán a discernir su origen. Si así lo desea puede leer el mensaje completo en el sitio web de Medjugorge. (ver nota al pie de la página)

*"- '¡Queridos hijos! Vengo entre ustedes porque **deseo ser** su Madre, **su intercesora. Deseo ser un vínculo entre ustedes y el Padre celestial, su mediadora.** Deseo tomarlos de las manos y caminar con ustedes en la lucha contra el espíritu impuro. Hijos míos: **conságrense totalmente a mí. Yo tomaré sus vidas en mis manos** maternas y les enseñaré la paz y el amor, y entonces las entregaré a Mi Hijo. A ustedes les pido que oren y ayunen, **porque solamente así sabrán testimoniar, de manera correcta, a mi Hijo por medio de mi Corazón materno.** Oren por sus pastores, para que unidos en mi Hijo puedan siempre, anunciar alegremente, la Palabra de Dios. Les agradezco.'"[11]*

Recalqué las partes que se oponen claramente al mensaje y a la obra de Jesús.

a. Ella propone que es la mediadora entre los hombres y el Padre celestial.

La Biblia dice:

*Porque hay un solo Dios, y un solo **mediador** entre Dios y los hombres, Jesucristo hombre..*   *1Timoteo 2:5*

b. Ella hace un llamado a consagrarse **totalmente a ella** para que tome **las vidas en sus manos.**

La verdadera María jamás haría un llamado semejante. Ella conoce la escritura y sabe perfectamente que el acceso al Hijo es directo y que Jesús no tiene necesidad de una mediadora a quien haya que entregarle la vida. María fue Hebrea, y en la epístola a los Hebreos está escrito:

Por tanto, teniendo un gran sumo sacerdote que traspasó los cielos, Jesús el Hijo de Dios, retengamos nuestra profesión. Porque no tenemos un sumo sacerdote que no pueda compadecerse de nuestras debilidades, sino uno que fue tentado en todo según nuestra semejanza, pero sin pecado. Acerquémonos, pues, confiadamente al trono de la gracia, para alcanzar misericordia y hallar gracia para el oportuno socorro. Hebreos 4:14-16*

Hemos analizado breve pero eficazmente algunos de los mensajes de las apariciones de María que no son otra cosa sino la falsa María buscando nuestras vidas y nuestra adoración.

CAPÍTULO 9

LA POSICIÓN DE JESÚS
Y DE LA VERDADERA MARÍA
EN NUESTRAS VIDAS
COMO CREYENTES

La realidad es que el Padre Celestial no está lejos. Jesús dijo: el Reino de Dios está en medio de vosotros. Jesús es real, está vivo, Él ya no está colgado en la cruz como lo vemos tantas veces en las esculturas de las iglesias. Tampoco es un niñito de brazos sin ningún poder. Él resucitó y está sentado a la diestra del Padre esperando que le abramos nuestro corazón y le invitemos para que llene nuestra vida y la transforme.

Jesús quiere ser nuestro único y suficiente Salvador. El quiere limpiar nuestras almas y darnos vida eterna para que siempre estemos a su lado mientras vivamos aquí en la Tierra y cuando partamos con Él.

Las buenas nuevas del evangelio que Él nos dejó es que podemos tener una relación viva y maravillaosa con Él. No se necesita pasar la vida en un monasterio o en un convento para recibir las grandes promesas que Jesús nos dejó y que hoy pueden ser una realidad en nuestras vida.

Si me amáis, guardad mis mandamientos. Y yo rogaré al Padre, y os dará otro Consolador, para que esté con vosotros para siempre: el Espíritu de verdad, al cual el mundo no puede recibir, porque no le ve, ni le conoce; pero vosotros le conocéis, porque mora con vosotros, y estará en vosotros. No os dejaré huérfanos; vendré a vosotros. Todavía un poco, y el mundo no me verá más; pero vosotros me veréis; porque yo vivo, vosotros también viviréis. En aquel día vosotros conoceréis que yo estoy en mi Padre, y vosotros en mí, y yo en vosotros. El que tiene mis mandamientos, y los guarda, ése es el que me ama; y el que me ama, será amado por mi Padre, y yo le amaré, y me manifestaré a él. Juan 14:15-21

*El que me ama, mi palabra guardará; **y mi Padre le amará, y vendremos a él, y haremos morada con él**.* Juan 14 :23b

Si permanecéis en mí, y mis palabras permanecen en vosotros, pedid todo lo que queréis, y os será hecho. Juan 15:7

Hoy podemos hacer de esto, una realidad en nuestra vida. La puerta a la salvación se llama Jesús y para entrar en Él, necesitamos considerar el precio tan grande que Él pagó en la cruz por nosotros. Luego, debemos arrepentirnos profundamente de nuestros pecados y determinar en nuestro corazón no volver a cometerlos. Si bien al principio de nuestro caminar con Cristo, podemos llegar a caer y a fallar, la determinación debe ser el levantarnos y tratar con todo nuestro corazón de permanecer en rectitud y en santidad.

La obra no depende de nosotros, y su gracia redentora perfeccionará a todo aquel que desee seguirlo fielmente.

Le invito a cerrar sus ojos un momento y a refleccionar sobre su caminar delante de Dios, y si desea hacer a Jesucristo su único y suficiente Señor y Salvador hagamos juntos esta oración, o si lo desea hable con Dios con las palabras de su corazón.

Oración

Señor Jesús, hoy vengo delante de Ti, reconociendo que soy un pecador que necesita de salvación. Me arrepiento profundamente de haberte ofendido a veces en mi ignorancia, otras de plena convicción. Reconozco que la única forma de ser salvo es por Tus méritos en la cruz, por lo que yo recibo Tu sacrificio en el que moriste por mí.

Renuncio al espíritu de la falsa María y a todo vínculo y pacto que haya yo hecho con ella.

Yo te confieso hoy y para siempre como mi Señor y Dios y mi único y suficiente Salvador. Sólo para Tí, para el Padre Celestial y al Espíritu Santo será mi adoración.

Hoy te abro mi corazón para que vengas a vivir dentro de mí y te entrego mi vida, mi corazón, mis pensamientos y mi cuerpo para que seas Tu el Señor de todo. Te pido que me llenes del Espíritu Santo para que dirija mis pasos y me lleve a toda verdad.

En el nombre de Jesús el Rey de reyes. Amén

La relación con la verdadera María.

Cuando Jesús estuvo en la tierra no estableció ninguna relación especial entre nosotros con su madre María. Ella murió y fue llevada al cielo donde la conoceremos cuando seamos promovidos a la gloria después de dejar este mundo. Sin embargo ella merece nuestro respeto y nuestra honra.

Como dijimos anteriormente, honrarla no es adorarla, ni hacerle rogativas, ni depender de ella, ni hacerle rezos, o hacerlo imágenes. Es simplemente darle su lugar como la más bienaventurada de todas las mujeres, como una ungida de Dios.

No toquéis, dijo, a mis ungidos, Ni hagáis mal a mis profetas. *Salmos 105:15*

Parte de la honra consiste en separarla de la falsa María. Que de alguna manera el Espíritu Santo le haga saber allá en el cielo que hay gente que está haciendo esa diferencia, porque entiende el sufrimiento que debe ser para ella ser confundida con ese ídolo abominable, que no es otro sino satanás queriendo ser igual al Altísimo.

Honrarla, es aprender de su fe inamovible, de su respeto y adoración a Dios el Padre. De su temor a ofenderle en lo absoluto.

Su vida nos dejó un mensaje muy claro y un ejemplo sin precedentes para que lo imitemos.

Su mensaje se resume en 2 frases claves:

¡Hágase conmigo conforme a Tu Palabra!

• Que todas las promesas que Jesús y el Padre nos dejaron se cumplan en nuestras vidas. Que tengamos la fe que ella tuvo, que nunca titubeó, sino que siempre creyó. Que si estamos sirviendo y siguiendo al Señor, no temamos la persecución.

Sus promesas son más grandes que cualquier cosa que puedan decir los hombres.

• Que nunca olvidemos nuestra bajeza delante de la sublime Majestad del Padre. Que nunca dejemos de agradecer las innumerables misericordias que Dios tiene para con nosotros.

• Que siempre tengamos en cuenta que fue Él quien nos escogió a nosotros y no nosotros a Él. Y esto nos hace deudores para amarle y servirle con todo nuestro corazón, amándonos los unos a los otros.

> *No me elegisteis vosotros a mí, sino que yo os elegí a vosotros, y os he puesto para que vayáis y llevéis fruto, y vuestro fruto permanezca; para que todo lo que pidiereis al Padre en mi nombre, él os lo dé. Esto os mando: Que os améis unos a otros.* Juan 15:16-17

• Que vivamos en el temor de Dios. Conscientes que el Padre nos amó de tal manera que dió a Su Hijo unigénito para morir la cruenta muerte en la cruz, en la que Él llevó todos nuestros pecados.

María vivió uno de los dolores más intensos, que fue ver a su Hijo ser azotado, horadado y clavado en el madero. Si alguien vivió el impacto desgarrador de la crucifixión fue ella. Ella tocó sus heridas frescas cuando lo bajaron de la cruz, en las cuales Él llevó todos nuestros pecados y todas nuestras enfermedades.

> *Despreciado y desechado entre los hombres, varón de dolores, experimentado en quebranto; y como que escondimos de él el rostro, fue menospreciado, y no lo estimamos. Ciertamente llevó él **nuestras enfermedades, y sufrió nuestros dolores**; y nosotros le tuvimos por azotado, por herido de Dios y abatido. Mas él herido fue por nuestras rebeliones, molido por nuestros pecados; el castigo de nuestra paz fue sobre él, **y por su llaga fuimos nosotros curados**.* Isaías 53:3-5

- Que maravilloso poder recibir lo que Jesús hizo por nosotros con la misma fe de María quien dijo: "Hágase conmigo conforme a esta palabra" y ser curados y consolados por la fe.

- Que vivamos con el mismo impacto de la cruz que vivió María para honrar a Dios en todo lo que hacemos.

Esto es lo que honra a María, que vivamos conforme a su Hijo Jesucristo.

Otra parte de su mensaje es:

¡Haced todo lo que Él les dijere!

Como también Jesús lo dijo: "el que me ama guarda mis mandamientos."

El problema de seguir a los ídolos, es que la gente se acostumbra a que no oyen, ni ven, ni hablan, por lo que una gran mayoría de personas viven sus vidas de cualquier manera, sin ningún temor de Dios. Odiándose unos a otros, pecando en contra del verdadero amor. Trasgrediendo los mandamientos sin ningún remordimiento.

Si queremos seguir el ejemplo de María, acerquémonos a Dios para ser santificados, y confiemos en Su gracia redentora, anhelando y buscando cada vez una purificación mayor.

CONCLUSIÓN

He escrito este libro, dirigida por el Espíritu Santo, con el fin de ayudar y traer luz a todos los que como yo, fuimos engañados por "la falsa María, la reina del cielo." Mi oración y mi deseo es que conozca la verdad que lo hará verdaderamente libre, como yo lo he llegado a ser.

La cruzada no termina al cerrar estas páginas, sino que tan sólo empieza. Es la respónsabilidad de todos los que amamos a Dios el llevar la verdad a los que aún no la tienen.

Le invito a que juntos seamos parte de esta gran encomienda que Dios puso en mi corazón y que compartamos este libro con alguien que lo necesite.

¿Y qué sigue?

La pregunta que surge a todos los que han encontrado esta verdad es, qué hacer con los cuadros y esculturas de ídolos, y de la falsa María que tienen en su posesión. Es importante ahora, sacar los ídolos de su casa ya que éstos son responsables de muchos males y desgracias. La Reina de cielo usa precisamente el sufrimiento, la pobreza y la enfermedad para que la gente se aferre a ella y por lo tanto lo perpetúa en los lugares donde es adorada.

Los países más pobres y de más corrupción y dolencias son aquellos que están consagrados a las falsas Marías a quienes constituyen como sus patronas. El Padre no está procurando su sufrimiento para que lo busque. Él le ama, y Su pensamiento es continuamente el bien para aquellos que le siguen y lo aman.

> *Porque yo sé los pensamientos que tengo acerca de vosotros, dice Jehová, pensamientos de paz, y no de mal, para daros el fin que esperáis.*   *Jeremías 29:11*

¿Pero recuerda el mensaje de este mismo Profeta Jeremías al pueblo de Israel que adoraba a la reina del cielo?

> *Ahora, pues, así ha dicho Jehová de los ejércitos, Dios de Israel: ¿Por qué hacéis tan grande mal contra vosotros mismos, para ser destruidos...?* *Jeremías 44:7*

Dios en su palabra nos dice qué hacer con estas esculturas y pinturas:

> *Las esculturas de sus dioses quemarás en el fuego; no codiciarás plata ni oro de ellas para tomarlo para ti, para que no tropieces en ello, pues es abominación a Jehová tu Dios;*   *Deuteronomio 7:25*

> *Derribaréis sus altares, y quebraréis sus estatuas, y sus imágenes de Asera consumiréis con fuego; y destruiréis las esculturas de sus dioses, y raeréis su nombre de aquel lugar.*   *Deuteronomio. 12:3*

El gran temor que la mayoría de la gente siente al destruir sus imágenes, es que piensan que están haciendo un sacrilegio o algo así. Pero éste es un temor que proviene justamente de la reina del cielo, que se resiste a dejarlo y quiere impedir a toda costa que vivamos rectamente para Dios. De hecho si María nos pudiera hablar, estaría muy contenta de que la desasociemos de ese demonio, y que al igual que ella "Hagamos todo lo que Él nos dice que hagamos."

Así que orando a Dios, pídale que lo cubra con la sangre de Jesús y confíe que Su protección es infinita. Si hay que destruir piezas de oro, las podemos fundir, más no codiciar ese oro para nosotros. Déselo a los pobres o a alguien en necesidad. Si se trata de una pieza de arte muy valiosa, pongamos nuestro corazón en Dios, y amémoslo más a Él que a la imagen. Cuando damos un paso así, Dios mismo nos restaura la pérdida con algún milagro financiero o con otra pieza de arte más valiosa, y que no le ofenda a Él. Una vez hecho esto. Ya estamos listos para empezar el caminar más maravilloso al lado de Jesucristo, del Padre y del Espíritu Santo.

Debemos leer la Biblia, la cual nos alumbrará en todos nuestros caminos. Es mejor empezar por el Nuevo Testamento, el cual es más fácil de entender, y siempre pidámosle al Espíritu Santo que nos hable, que nos guíe y que nos instruya en toda verdad.

Pidámosle al Señor que nos rodee de gente que Lo conozca y que sea de bendición para nuestra vida espiritual, y yo le bendigo con toda bendición de lo alto, para que le vaya bien, tenga buena salud y sea prosperado así como prospera su alma.

FIN

APÉNDICE 1

Virgen de Fátima (1917)
Recuento extraído de las "Memorias de Lucia"

"Desde el 13 de mayo de 1917 la Sma. Virgen María se apareció por seis veces en Fátima (Portugal) a tres pastorcitos: Lucía, Francisco y Jacinta. En un hermoso libro titulado "Memorias de Lucía" la que vio a la Virgen cuenta todos los detalles de esas apariciones.

El 13 de mayo se produjo el siguiente diálogo:

- '¿De dónde es su merced?'

- 'Mi patria es el cielo'

- '¿Y qué desea de nosotros?'

- 'Vengo a pedirles que vengan el 13 de cada mes a esta hora (mediodía). En octubre les diré quién soy y qué es lo que quiero'

- '¿Y nosotros también iremos al cielo?'

- 'Lucía y Jacinta sí'

- '¿Y Francisco?'

Los ojos de la aparición se vuelven hacia el jovencito y lo miran con expresión de bondad y de maternal reproche mientras va diciendo:

- El también irá al cielo, pero antes tendrá que rezar muchos rosarios.

Y la Sma. continuó diciéndoles:

- '¿Quieren ofrecerse al Señor y estar prontos para aceptar con generosidad los sufrimientos que Dios permita que les lleguen y ofreciéndolo todo en desagravio por las ofensas que se hacen a Nuestro Señor?'

- 'Sí, Señora, queremos y aceptamos'

Con un gesto de amable alegría, al ver su generosidad, les dijo:

- Tendrán ocasión de padecer y sufrir, pero la gracia de Dios los fortalecerá y asistirá.

Segunda aparición: 13 de junio de 1917.

La Sma. Virgen le dice a los tres niños: -'Es necesario que recen el rosario y aprendan a leer.'

Lucía le pide la curación de un enfermo y la Virgen le dice: - 'Que se convierta y el año entrante recuperará la salud.'

Lucía le suplica: - 'Señora: ¿quiere llevarnos a los tres al cielo?'

- Sí a Jacinta y a Francisco los llevaré muy pronto, pero tú debes quedarte aquí abajo, porque Jesús quiere valerse de ti para hacerme amar y conocer. El desea propagar por el mundo la devoción al Inmaculado Corazón de María.

- '¿Y voy a quedarme solita en este mundo?'

-'¡No hijita! ¿Sufres mucho? Pero no te desanimes, que yo no te abandonaré. Mi corazón inmaculado será tu refugio y yo seré el camino que te conduzca a Dios.'

Tercera aparición: 13 de julio de 1917.

Ya hay 4,000 personas. Nuestra Señora les dice a los videntes: "Es necesario rezar el rosario para que se termine la guerra. Con la oración a la Virgen se puede obtener la paz. Cuando sufran algo digan: 'Oh Jesús, es por tu amor y por la conversión de los pecadores'.'"

La Virgen abrió sus manos y un haz de luz penetró en la tierra y apareció un enorme horno lleno de fuego, y en él muchísimas personas semejantes a brasas encendidas, que levantadas hacia lo alto por las llamas volvían a caer gritando entre lamentos de dolor. Lucía dio un grito de susto. Los niños levantaron los ojos hacia la Virgen como pidiendo socorro y Ella les dijo:

- '¿Han visto el infierno donde van a caer tantos pecadores? Para salvarlos, el Señor quiere establecer en el mundo la devoción al Corazón Inmaculado de María. Si se reza y se hace penitencia, muchas almas se salvarán y vendrá la paz. Pero si no se reza y no se deja de pecar tanto, vendrá otra guerra peor que las anteriores, y el castigo del mundo por sus pecados será la guerra, la escasez de alimentos y la persecución a la Santa Iglesia y al Santo Padre. Vengo a pedir la Consagración del mundo al Corazón de María y la Comunión de los Primeros Sábados, en desagravio y reparación por tantos pecados. Si se acepta lo que yo pido, Rusia se convertirá y vendrá la paz. Pero si no una propaganda impía difundirá por el mundo sus errores y habrá guerras y persecuciones a la Iglesia. Muchos buenos serán martirizados y el Santo Padre tendrá que sufrir mucho. Varias naciones quedarán aniquiladas. Pero al fin mi Inmaculado Corazón triunfará.

Y añadió Nuestra Señora: Cuando recen el Rosario, después de cada misterio digan: "Oh Jesús, perdónanos nuestros pecados, líbranos del fuego del infierno y lleva al cielo a todas las almas, especialmente a las más necesitadas de tu misericordia".

Cuarta aparición: Agosto 1917.

La 4ª. Aparición no fue posible el 13 de agosto, porque en este día el alcalde tenía prisioneros a los 3 niños para tratar de hacerlos decir que ellos no habían visto a la Virgen. Aunque no lo logró. La aparición sucedió unos días después.

La Sma. Virgen les dijo en la 4ª. Aparición: - 'Recen, recen mucho y hagan sacrificios por los pecadores. Tienen que recordar que muchas almas se condenan porque no hay quién rece y haga sacrificios por ellas.' (El Papa Pío XII decía que esta frase era la que más le impresionaba del mensaje de Fátima y exclamaba: - 'Misterio tremendo: que la salvación de muchas almas dependa de las oraciones y sacrificios que se hagan por los pecadores.'"

Desde esta aparición los tres niños se dedicaron a ofrecer todos los sacrificios posibles por la conversión de los pecadores y a rezar con más fervor el Rosario.

Quinto aparición: 13 de septiembre 1917.

Ya hay unas 12,000 personas. Nuestra Señora les recomienda a los videntes que sigan rezando el Rosario y anuncia el fin de la guerra. Lucía le pide por varios enfermos. La Virgen le responde que algunos sí curarán, pero que otros no, porque Dios no se confía de ellos, y porque para la santificación de algunas personas es más conveniente la enfermedad que la buena salud. E invita a todos a presenciar un gran milagro el próximo 13 de octubre.

Sexta y última aparición. 13 de octubre de 1917.

En este día hay 70,000 personas. La aparición dice a los tres niños: - 'Yo soy la Virgen del Rosario. Deseo que en este sitio me construyan un templo y que recen todos los días el Santo Rosario.'

Lucía les dice los nombres de bastantes personas que quieren conseguir salud y otros favores muy importantes. Nuestra Señora le responde que algunos de esos favores serán concedidos y otros serán reemplazados por favores mejores. Y añade: - 'Pero es muy importante que se enmienden y que pidan perdón por sus pecados.'

Y tomando un aire de tristeza la Sma. Virgen dijo estas sus últimas palabras de las apariciones: que no ofendan mas a Dios que ya esta muy ofendido (Lucía afirma que de todas las frases oídas en Fátima, esta fue la que más le impresionó).

La Sma. Virgen antes de despedirse señaló con sus manos hacia el sol y entonces los 70,000 espectadores presenciaron un milagro conmovedor, un espectáculo maravilloso, nunca visto: la lluvia cesó instantáneamente (había llovido desde el amanecer y era mediodía) las nubes se alejaron y el sol apareció como un inmenso globo de plata o de nieve, que empezó a dar vueltas a gran velocidad, esparciendo hacia todas partes luces amarillas, rojas, verdes, azules y moradas, y coloreando de una manera hermosísima las lejanas nubes, los árboles, las rocas y los rostros de la muchedumbre que allí estaba presente. De pronto el sol se detiene y empieza a girar hacia la izquierda despidiendo luces tan bellas que parece una explosión de juegos pirotécnicos, y luego la multitud ve algo que la llena de terror y espanto.

Ven que el sol se viene hacia abajo, como si fuera a caer encima de todos ellos y a carbonizarlos, y un grito inmenso de terror se desprende de todas las gargantas. "Perdón, Señor, perdón," fue un acto de contrición dicho por muchos miles de pecadores. Este fenómeno natural se repitió tres veces y duró diez minutos. No fue registrado por ningún observatorio astronómico porque era un milagro absolutamente sobrenatural.

Luego el sol volvió a su sitio y los miles de peregrinos que tenían sus ropas totalmente empapadas por tanta lluvia, quedaron con sus vestidos instantáneamente secos. Y aquel día se produjeron maravillosos milagros de sanaciones y conversiones.

Y nosotros queremos recordar y obedecer los mensajes de la Sma. Virgen en Fátima: 'Rezar el Rosario. Hacer oración y sacrificios por la conversión de los pecadores y no ofender más a Dios, que ya esta muy ofendido.'" [12]

---

[12] http://www.ewtn.com/spanish/saints/Fátima_5_13.htm

ANA MÉNDEZ FERRELL, INC.

Visita nuestro sitio de Internet

www.anamendezferrell.com

Escribe a: Ana Méndez Ferrell, Inc.
P.O. Box 141
Ponte Verde, FL 32004-0141

Email: store@anamendezferrell.com

Encuéntranos en **FACEBOOK** o síguenos en **TWITTER**

www.facebook.com/AnaMendezFerrell-ES

www.twitter.com/AnaMendezF